Eurus

Notus

竹信三恵子
Mieko Takenobu

女性不況サバイバル

Boreas

Zephyrus

岩波新書
1981

目次

目次

序 章

「女性発」の見えない脅威

国連が発した警告

コロナ禍は女性を直撃した。

こう書くと、違和感を抱く人も少なくないかもしれません。

世界保健機関（ＷＨＯ）によると、世界初の新型コロナの症例は二〇一九年一二月八日に発症したとされ、やがて世界的な感染拡大（パンデミック）へと発展。日本でも二〇年一月一五日に男性が初の感染者として確認され、感染は急速に拡大していきます。そんななかで、四七か国・地域の感染者約三一一万人（二〇二〇年一〜六月）のデータを調査した英国などの研究チームが、男性は女性より重症化しやすく、死亡率も一・三九倍高く、また集中治療室に運ばれる割合も男性が女性の三倍にのぼり、その傾向は各国に共通する、という分析結果を発表したことも報じられました（西日本新聞デジタル、二〇二一年三月一七日付）。このような情報に接していると、新型コロナは女性より男性の方により大きな被害を与えた、と思ってしまうのもふしぎではありません。

ただ、新型コロナがもたらした被害は健康面だけではありません。社会的・経済的打撃が非正規・低所得層を中心に深刻化し、これらの層に女性が集中していたことなどから、女性への被害の大きさが各国で注目されるようになったのです。このような、健康以外の面も含む広範な被害は、一つの災害として日本では「コロナ禍」とも呼ばれるようになりました。

男性は、女性より外で働く時間が長いなど社会的な活動が活発なことからウイルスにさらされやすく、その結果、健康被害を受けやすい面があります。ただ、女性は育児や介護などの合間を縫って不安定で低賃金の労働に就かざるを得ないことが多く、しかも、コロナ禍の影響を受けやすい対人サービス業界で働く比率も高かったため、解雇や雇い止めによる貧困リスクにさらされがちでした。さらに、感染防止のための行動制限によって、家庭内での家族へのケア労働の負担も大きく増え、保育園や学校の閉鎖で働けなくなる女性も相次ぎました。このように、コロナ禍が「ケアする性」を襲った災害でもあったことが、女性の被害を広げたのです。

こうした事態に、いち早く警告を発したのが国連でした。

感染が急拡大を始めた二〇二〇年三月二〇日、国連女性機関(UN Women)のプムズィレ・ムランボ＝ヌクカ事務局長は、「女性を前面に、女性を中心に！」と題する「COVID-19(新型コロナウイルス感染症)に関するメッセージ」を発し、次のように訴えました。

「(感染拡大のなかで)はっきり見えてきたことは、これは単なる健康問題ではないということです。これは我々の社会や経済に大きなショックを与え、女性が低賃金で様々な役割を担うこ

とで動いている公共・民間機能の欠陥を如実に露呈しました」(国連ウィメン日本協会サイトから、二〇二〇年三月三一日付)

続けてアントニオ・グテーレス国連事務総長が同事務局長と共同で、同年四月五日、コロナ禍の外出制限のなかで「女性や女児にとって最も安全であるべき場所で最大の脅威が迫っている」として家庭内暴力への警告を発しました。さらに、約二年たった二二年三月八日の国際女性デーでも、事務総長は次のようなビデオメッセージを発表し、改めて危機感を表明しています。

新型コロナウイルス感染症のパンデミックに終止符を打つことへの女性と女児の貢献を称えます。(中略)しかし同時に、あまりにも多くの分野で、女性の権利の時計の針が逆戻りしていることも認識しています。パンデミックにより、女児と女性は学校や職場から締め出されたままです。貧困の拡大と暴力の増大に直面しています。無給の、しかし必要不可欠なケア労働の大半を世界中で担っています。単にジェンダーだけを理由に、暴力と虐待の対象となっています。政治の場や企業の役員室における女性の比率は、すべての国で恥ずべきほどに低くなっています。(中略)「国際女性デー」にあたり、今こそあらゆる女

性と女児のために、時計の針を前に進める時です。（国連広報センターサイト、二〇二一年三月八日付）

このうち、災害時における女性への暴力については、日本でも相次ぐ大きな震災によって、認知度が高まりつつありますが、私がここで注目したいのは「女性が低賃金で様々な役割を担うことで動いている公共・民間機能の欠陥を如実に露呈」「無給の、しかし必要不可欠なケア労働の大半を世界中で担っています」という部分です。コロナ禍以前から女性が、無償のケア労働や低賃金の有償労働を主に担ってきたことが、コロナ禍で女性への経済的被害の集中をもたらした、というのです。

これらの指摘の通り、コロナ禍による女性たちの大規模な雇用喪失と、医療・介護の現場や家庭内などでのケア労働の負担増は世界各地で広がり、女性を中心に起きた経済危機を意味する「シーセッション（Shecession）」（英語の she（彼女）と recession（景気後退）の複合語）の名で呼ばれるようになります。日本ではこれが、「女性不況」と訳されて広がりました。

二〇二〇年九月、カリフォルニア大学サンディエゴ校経済学部助教のタイタン・アロンら欧米の研究者たちが共同で発表した「二〇二〇年のシーセッション――原因と結果」と題するコ

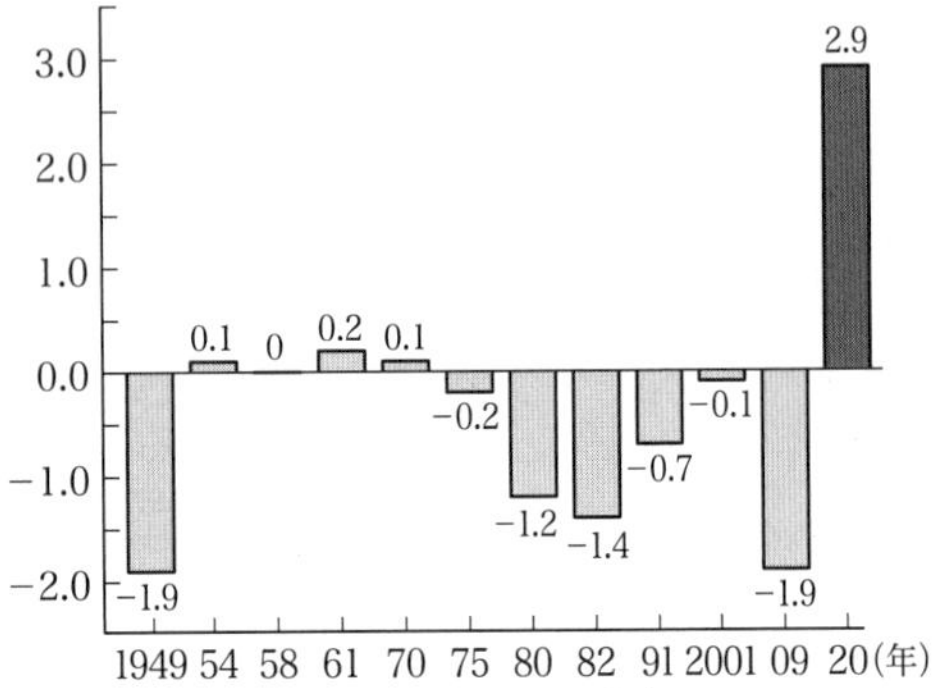

(出所) 米国労働統計局のデータをもとに作成.

図序-1　米国の景気後退期における女性失業率と男性失業率の上昇率の差

ラムも、コロナ禍による景気後退がきわめて特異なものだったことを指摘しています。

アロンからの調査では、一九四九年からの米国のすべての景気後退期には、男性の失業率が女性のそれを上回る「マンセッション」型か、または男女同水準の失業率でした。ところがコロナ禍では、図序-1のように、女性の失業の度合が男性を大きく上回り、ピーク時では男性より二・九ポイント以上も高くなっていたというのです。景気回復の恩恵の受け方も男性の方が大きく、二〇二〇年八月時点で、女性は仕事の供給度が感染拡大直前の二月より二〇%も落ち込んでいた一方で、男性は九%の落ち込みにまで戻っていたとしています。

ここで、女性に大きな負担が集中した原因として挙げられているのは、①対人サービス業は感染防止措置として取られた「ソーシャルディスタンス」政策の影響を受けやすく、そこで働く人たちの圧倒的多数が女性だったこと、②女性は性別役割分業によって子どものケアを抱えることが多く、保育園の休園や休校によって働けなくなる度合が圧倒的に高かったこと、です。

特に重要なのは、このような「女性を中心にした経済危機」が長引けば、「ジェンダーの不平等」だけでなく、家計の縮小→消費需要の低下→経済の他のセクターでの製品需要の減少、という道筋を通じて経済全体に危機が伝播しかねないとされている点です。

それまでの不況では、夫が仕事を失った場合、妻が仕事を続けるか労働時間を増やすかして、家族の収入を安定させてきました。これによって、家計の損失を補い、不況による収入減が消費を直撃する度合を減らしてきたというのです。ところが「女性不況」の下では、そうした「ショック吸収装置」としての女性が大量に職を失い、加えて対人サービスなどの業界が丸ごと影響を受けたため、他店への転職でしのぐ道もふさがれ、それ以上に、感染防止のための休校や休園によって、他の業界の女性も外で働くことが難しくなりました。

それらに対して適切で迅速な対応策が繰り出されなければ、その社会は景気後退の長期化に見舞われる恐れがあるというわけです。

それは、同じコロナ禍に襲われても、その社会が、女性の大量失職に対応できる力を持っていれば最悪の事態は防ぐことができ、また、回復も早いということでもあります。問題は、日本社会が、そうした対応を難しくする「壁」を抱えていることでした。その壁とは、女性の失業や女性の貧困を可視化させず、女性たちを沈黙させてしまういくつもの「仕掛け」の束です。問題が可視化されないことや当事者の沈黙が、なぜ壁になるのでしょうか。理由は簡単です。人は、見えないものに対しては解決策を打ち出せないからです。問題が見えないと、むしろ事態を悪化させるような不適切な「対策」が新たに生み出されてしまうことさえあります。日本の「女性不況」の下では、そうした事態が相次ぎました。その代表例が、新型コロナの感染が拡大し始めた二〇二〇年三月、政府が感染防止策として始めた一斉休校措置です。

張り巡らされる不可視化の仕組み

労働問題に関心を持って調査・取材してきた私は、大きな災害が起きると、働く人はどうなっているのかをまず聞き歩く癖があります。二〇二〇年三月、コロナの感染不安が強まり、飲食店などへの客足が遠のいて東京の街もゴーストタウンのような様相を呈し始めていました。その時も、それまで情報交換したり、いろいろ教えてもらったりしてきた労働組合の知人たちに、次々と電話を入れてみました。すると、異口同音に、異例の事態が起きている、という答えが返ってきました。「女性からの相談が全体の六割、七割を占めている」というのです。

日本の就業者（仕事に就いている人の数）は、その前年の一九年時点で男性三七〇〇万人程度に対し、女性は三〇〇〇万人近くです。就業者全体の四割台で、また、家族への配慮から、事を荒立てるより諦めて辞めてしまう傾向が強いとも言われてきた女性たちが相談者の多数を占め、コロナ禍による雇い止めにあった、勤め先が休業になって収入がなくなった、休業手当などの補償が出ず生活が成り立たない、といった悲鳴のような声を上げているというのです。

目立ったのは、一斉休校措置によって子どもが学校に行けなくなり、その世話で会社を休まざるを得ず、収入が途絶えたというものでした。これは、アロンらが指摘した、感染防止のための休校や休園によって女性が外で働くこと自体が難しくなる状態を、政府が大規模に作り出し、「景気後退の長期化」を生み出しかねない「対策」を打ったことになります。

コロナ禍以前から、女性の多くは職場での長時間の有償労働と家庭での育児などの無償労働の女性への偏りという二重負担に悩みながら働いてきました。そんななかで、日本はＯＥＣＤ加盟国のうち、男性に比べて女性の睡眠時間が最も短い国になっています（二〇二一年調査）。一斉休校措置は、こうした女性の無償労働の重さを十分考慮に入れずに行われました。しかも、働く女性の過半数は「ノーワーク、ノーペイ」の時給制で働く非正規労働者ですから、休業は即、収入ゼロ、失業と同じ状態を意味します。

そうした当たり前のことに、「コロナ対策」を決める人たちが気づかなかったのは、日本の政界の女性比率があまりに少なかったことと無縁ではないでしょう。国会議員（衆議院）の女性比率は、コロナの感染が拡大し始めた二〇二〇年一月段階で、わずか九・九％。統計が取れる一九一か国の中で一六五位（列国議会同盟調査）といういびつな構成が、そこにありました。政界における女性比率の極端な低さ。それは女性の困難を可視化させない「壁」のひとつです。

もちろん、休業を余儀なくされる労働者を支えるため、政府も手をこまねいてばかりいたわけではありません。対策の柱となったのが「休業手当の活用」でした。コロナ禍が長引くかどうかわからなかった当時の状況では、当面の措置として妥当だったと言えます。ところがここでも、非正規女性の多くはその原資となる雇用保険に入っていなかったり、「景気が悪い時に切るための存在」として休業手当を申請してもらえなかったりして、受給できない例が相次ぎました。

このようなセーフティネットが不十分な働き方が放置されてきたのは、「女性は困ったら男性に扶養してもらえばいい」という、女性を個人として見ない考え方が、いまだに社会の底に根を張っていたからと言えます。

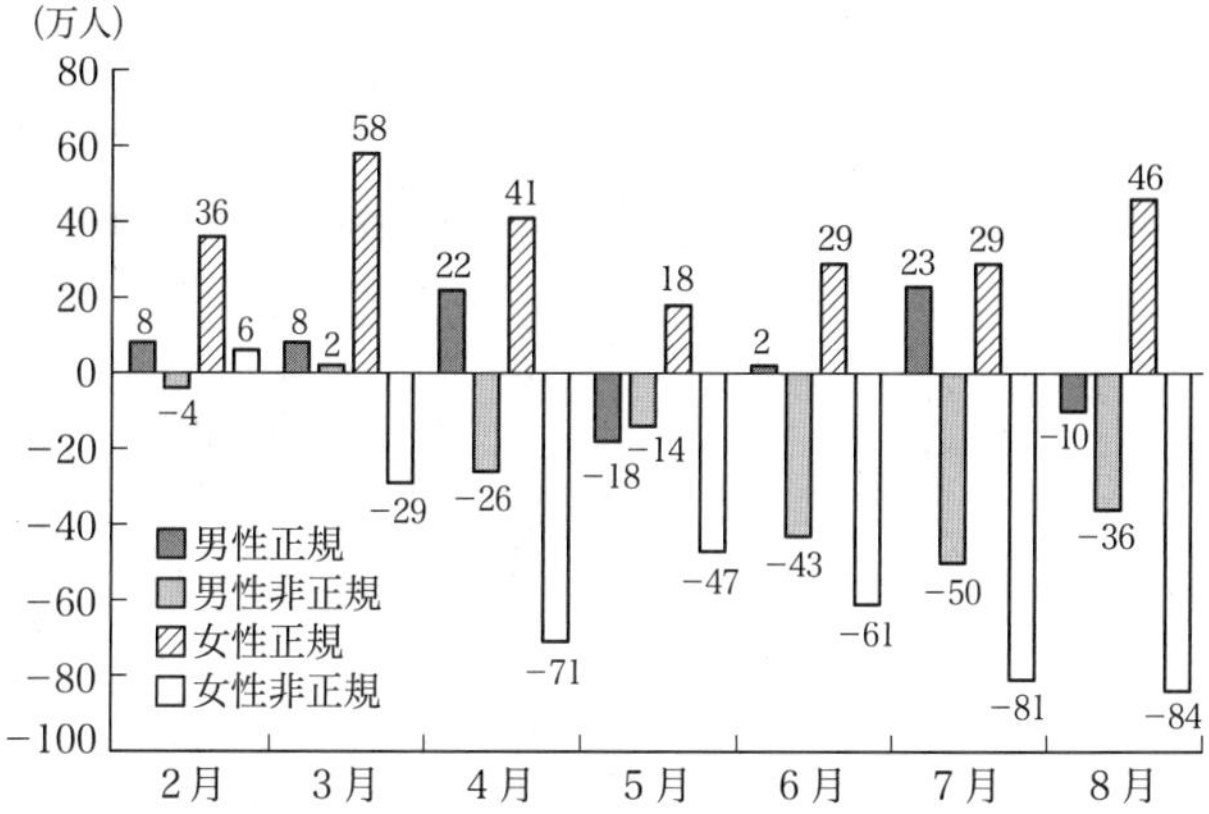

（出所）労働力調査より筆者作成.

図序-2　2020年の雇用者数の男女別雇用形態別前年同期比の推移

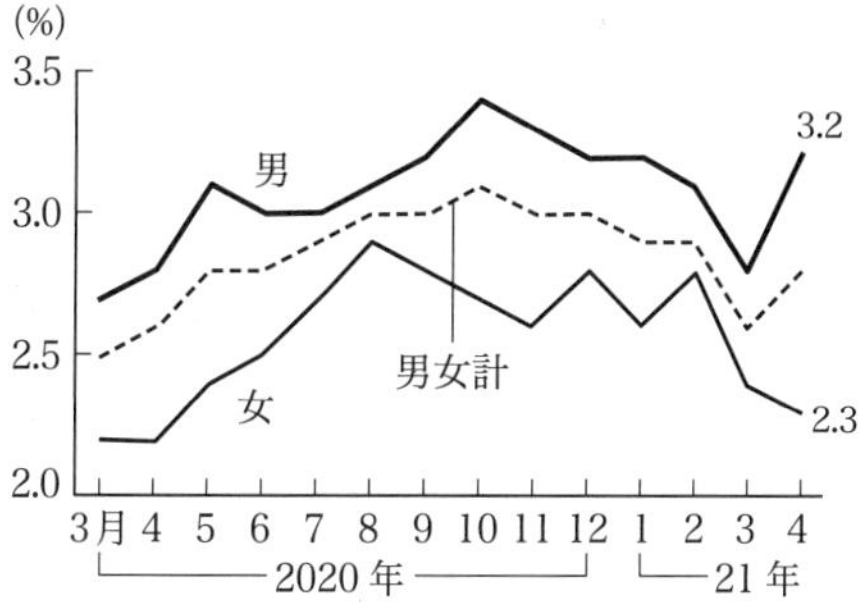

（出所）季節調整値，総務省の調査より作成.

図序-3　男女別の完全失業率の推移

そうした女性の困難は、統計などにも出にくい仕組みになっています。統計は、政策を打つための重要なバロメーターです。特に、人々の肉声より数字が重んじられがちな昨今の風潮のなかで、統計から問題が見えないということは、解決策の遅れにつながりかねません。

女性からの労働相談が殺到した二〇二〇年三月、総務省の労働力調査で、女性の非正規労働者は前年同期より二九万人も減り、図序-2のように男性や女性正規労働者に対し「一人負け」の状態になっていました。その状態は悪化し、七月、八月には前年同期比で約八〇万人もの減少を記録し、やがて男性の非正規労働者にも波及していきます。にもかかわらず、女性の失業率は男性より低いままで推移し(図序-3)、女性の失業率が突出した米国(図序-1)とは異なる展開となりました。

「失業率」というと、単に仕事がない人の比率と思われがちです。けれども、総務省の統計では失業は「完全失業率」という数字で表され、ただ仕事がないだけではない、さまざまな条件を満たしていることが必要とされています。

ここでは、一五歳以上の人口は「労働力人口」と「非労働力人口」に分けられます。このうち、労働力人口は、「就業者」(何らかの有償労働をしている「従業者」+「休業者」)と「完全失業者」に分けられます。完全失業者は、①仕事がなくて調査期間中に少しも仕事をしなかった、②

仕事があればすぐに就くことができる、③調査期間中に仕事を探す活動や事業を始める準備をしていた、という三つの条件を満たす者とされています。

日本の女性の家庭でのケア負担の重さについてはすでに述べました。コロナ禍でその負担が一段と重くなり、休職や自主退職などの形で職場を退いたまま仕事を探す活動などを諦めてしまえば、統計上「失業」には数えられません。また、一斉休校で子どものケアのため働きに出られなくなっている女性は、②などの要件から除外されます。政府の「対策」で不本意に収入を得られなくなったにもかかわらず、「失業」とはカウントされません。時給制では仕事に出られないと収入はゼロとなり、休業手当も仕組みの不備で十分に支給されないとなると、失業とほぼ同じ状態ですが、これは「失業」には入らないことになります。

これでは、子どもを家に一人で置いてでも働きに出ないと生きていけない、ぎりぎりの状態の女性しか「失業」とカウントされないことにもなりかねません。女性の「完全失業率」が男性より低く出るのも、当然と言えるでしょう。

内閣府男女共同参画局の「コロナ下の女性への影響と課題に関する研究会報告書――誰一人取り残さないポストコロナの社会へ」(二〇二一年四月二八日)では、「失業者」に、こうした「潜在労働力人口」と「追加就労希望就業者数」も加え、「労働力人口＋潜在労働力人口」で割っ

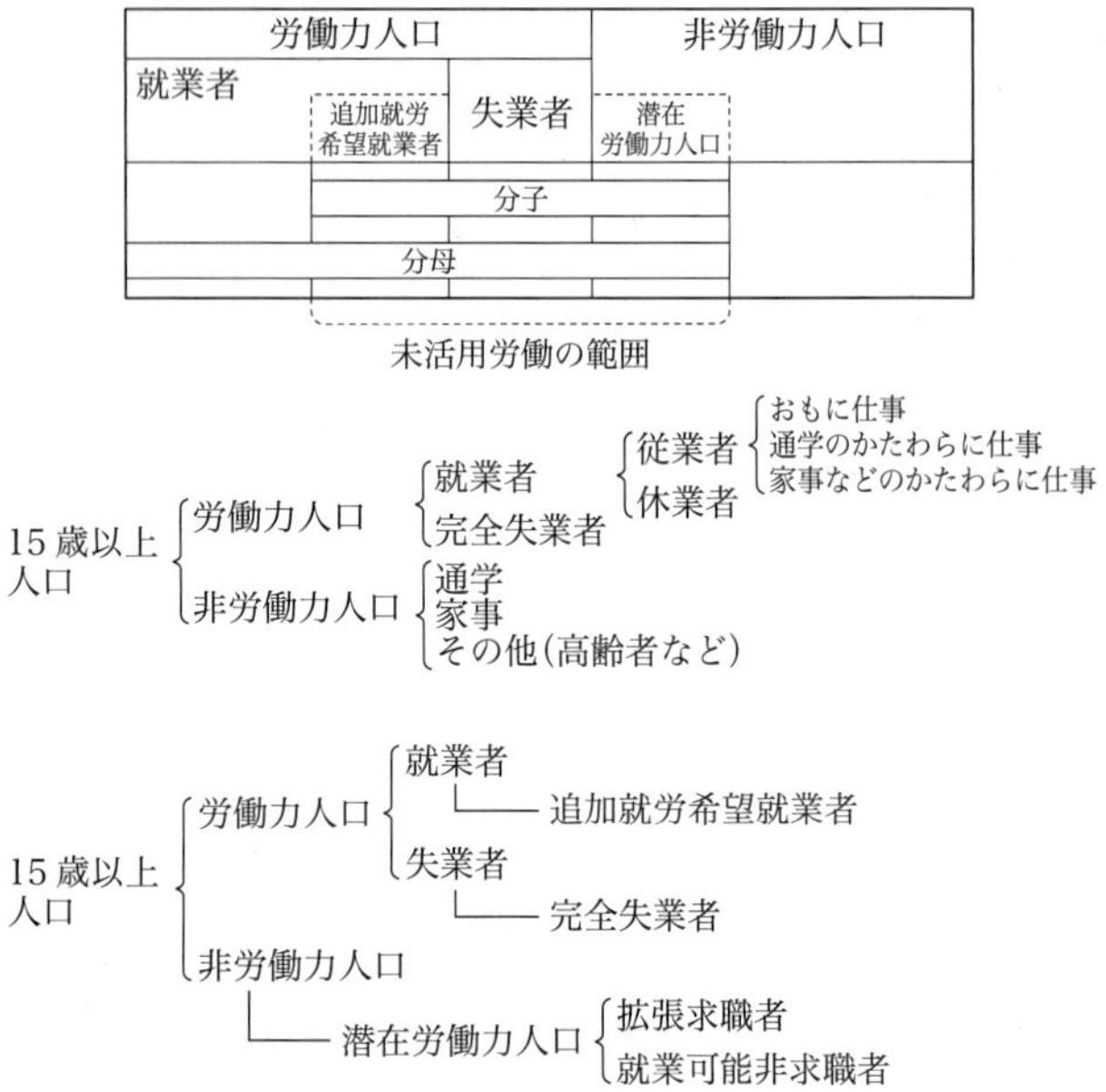

(出所) 総務省統計局ホームページ(https://www.stat.go.jp/data/roudou/11.html)より作成.

図序-4　未活用労働指標とは

た「広義の失業率」としての「未活用労働指標」を取り上げています(図序-4)。

この指標は、働いていない人の状況をより正確につかむため、総務省統計局が二〇一八年から公表を始めたものです。「研究会報告書」では、この指標が「平成三〇(二〇一八)年一〜三月期以降、男性は概ね四%台、女性は七%台と、もともと女性の方が高水準で推移していたところ、令和二(二〇二〇)年四〜六月期には男性六・五%、女性九・二%まで高まっている」としています。

ちなみに、追加就労希望就業者数とは、「就業時間が週三五時間未満で、就業時間の追加を希望しており、追加できる就業者」のことで、「失業」はしていないが、もっと働きたいし、働ける、と思っている人の数です。コロナ禍では、接客業などで極端に仕事を減らされたが失業ではない、とされたパート女性やアルバイト学生が増えましたが、そうした人たちも、この指標なら見えてきます。

「女性不況」被害の幅広いすそ野

こうして見てくると、コロナ禍の雇用危機は、①女性労働者の大半が従事する非正規労働者のセーフティネットの不備を放置してきたコロナ禍以前の雇用政策と、②「一斉休校」など、子育てをはじめとする無償のケア労働の存在を無視した「コロナ対策」によってその傷口を広げられ、③その傷の大きさも、フルタイム男性を基本とする統計などによって見えにくくされ、それによって、本格的な対策が鈍らされてきたことで増幅されたものであることがわかってきます。その間、女性の危機は静かに広がり、雇用喪失によって路上に出る女性たちを生み出し、本書の第3章で述べるような二〇二〇年一一月の「渋谷ホームレス殺人事件」まで引き起こしていきます。

事件の翌月の一二月ごろから、コロナの感染拡大を避けて一か所に集まることを控えていた労働組合や反貧困団体が、行政の対応が鈍る年末年始を前に、コロナ禍で増える困窮者のためのいくつもの相談会を開き始めました。ここにも女性たちは、多数、姿を見せました。〇八年のリーマンショックの時にもその年の暮れから「年越し派遣村」というテント村が都内に登場し、派遣労働者の雇用打ち切りに対応する労働相談と炊き出しが行われました。その時は一％程度とされた女性相談者たちが、二〇年暮れから年始の相談会では、五人に一人に跳ね上がったのでした。

そこには、子どもの手を引いてやってきたひとり親などの女性たちの姿も多数見られました。「女性不況」は、「見えにくい」ために中心的な課題として扱われず、路上での殴殺事件や支援団体の炊き出しの列に並ぶ女性たちの登場という激烈な形で噴出するまで、その深刻さは容易に共有されませんでした。日本の「女性不況」の恐ろしさは、ここにあります。

「女性不況」の現場を歩くうちに、私は、このような雇用の喪失や貧困をめぐる「女性不況」とは別の、もう一つの「女性の貧困」にも突き当たりました。それは、介護士や保育士など、ケア労働に携わる女性たちのあまりにも過酷な労働実態でした。

女性たちが外に出て働くには、女性たちが担う家庭内の無償労働を代わって引き受ける保育、介護などのケア的なサービスが不可欠です。これを企業によるサービスだけに任せてしまうと、十分な対価を払えない低所得層の女性たちは外で働けなくなります。企業は利益を上げて株主に配分することがそもそもの使命ですから、どうしても利益の出る顧客に向かいがちだからです。これでは低所得層の女性たちほど働きにくくなり、経済格差はさらに拡大することになります。そうした事態を防ぐために、利益が出ない部分を税で支え、良質で安価な公的サービスを提供することが求められているのです。

ところが、ケア労働は、コロナ禍前から「もともと主婦が家庭でタダで引き受けてきたもので、女性ならだれでもできる安くてかまわない仕事」という偏見にさらされ、政府もこうした分野を中心に財政削減を行ってきました。その結果、ケア労働者たちは、コロナ禍が起こる前から、専門技能の高さや社会的な重要度の大きさに見合わない低待遇に置かれてきました。

飲食などの接客業と同じく、介護や保育も対人接触なしではありえない仕事なのですが、女性たちの労働を支え、子どもや高齢者を守る「エッセンシャルワーク」であるため、コロナ禍でも休むことはできません。ところが、「女性ならだれでもできる安くてかまわない仕事」という偏見のなかで、感染対策などの支援態勢が不備なまま置かれる職場も多く、そうした状況下、殺到する人々のニーズにこたえなければなりませんでした。

保健師や看護師など女性が九割を占める仕事も、コロナの感染拡大下で人々の生命を支える文字通りのライフライン業務です。これらも保健所の縮小や公的病院の独立行政法人化などによって、コロナ禍以前から人員が絞られており、そこをコロナ禍が襲いました。

日本社会は、収入が途絶して生存の危機にさらされる事態まで至らないと「貧困」とは認めない傾向があります。ただ、国連開発計画（UNDP）の「貧困」は、もっと幅広い人権侵害状況を指しています。「教育、仕事、食料、保健医療、飲料水、住居、エネルギーなど最も基本的な物・サービスを手に入れられない状態のこと」と定義し、健康で文化的な最低限度の生活に必要な条件を奪われた状態も含めているからです。その意味で、これらの働き手たちが置かれた状況は、「貧困」と言っていいものでした。飲食業に特徴的な、休業などによる「過小労働」が招く経済的貧困ではなく、コロナ禍での業務の極端な増大による「過重労働」による生活や健康の貧困です。

こうした女性たちは、家族へのケアも担うことが多く、職場の長時間・過密労働によって家族のケアが圧迫され、子どもたちの精神不安まで招いた例も複数報告されています。

「コロナ禍の非常時だからしかたない」と思う人も多いかもしれません。ただ、それを言い訳に、感染拡大が始まってから何年もの間、適切な人員増も十分には行われず、非人間的な過重労働が断続的に続いてきたことを忘れてはなりません。

これらの二つの女性の貧困は、男性にも社会全体にも大きな負の影響をもたらしています。女性の収入が、女性個人はもちろん、男性の賃金が低下をたどるなか、家計に不可欠なものとなっていることは先に述べた通りです。にもかかわらず、女性の雇用危機が見えにくい「仕掛け」がそれを不可視化させ、対応を遅らせ、誤った「対策」も引き出しました。その結果、家計の縮小や貧困化を招き、男性や子どもの経済生活も危うくさせ、消費を減退させて社会全体の景気回復も遅らせました。また、「女性は安く働いてもかまわない」とする低待遇は、非正規で働く単身男女も生存の危機にまで追い詰めました。

「ケア労働」などのライフライン業務の多くが女性によって担われ、女性の労働への軽視によってそれが脆弱化させられてきたことは、男性へのライフラインをも危うくさせています。介護サービスを十分に受けられず、介護に疲れ果てて介護殺人にまで追い込まれる例が、男性にも少なくないのはその一例です。「女性不況」の被害のすそ野は、広いのです。

解決は、そうした歪《ひず》みを直視するところから始まります。繰り返しますが、「女性不況」が十分な対策もとられないまま放置されてきたのは、この社会の中に、これを見えなくさせるいくつもの「仕掛け」が埋め込まれており、その結果、当事者たちが声を上げることも、私たちがそれを問題と指摘することもできずにきたからです。それはまだ終わっていません。気候変動が問題になり、災害が相次ぐこの社会で、このままでは、これらの歪みが次の大きな災害でも形を変えて噴き出し、社会を深刻な状況に追い込むでしょう。

ただ、意外に思われるかもしれませんが、コロナ禍は、こうした「不可視化と沈黙の仕掛け」の壁にぶつかった多数の女性たちが生き残りをかけ、それらを乗り越える方法を自前で編み出していった「静かな女性運動の高揚期」でもありました。本書は、そんな女性たちの懸命の模索をたどるなかで、「不可視化と沈黙」を生み出す六つの仕掛けを洗い出しました。それらを直視し、どう対抗するかを編み出していくことは、よりよいポストコロナ社会には不可欠です。そのための第一歩として、まずは一緒に「女性不況」の現場へ足を踏み入れてみましょう。

なお、以下の文中では、実名を出したことで何らかの被害に遭う恐れのある方を仮名とし、姓なしのカタカナ名で表記しています。また、敬称は煩雑さを避けるため省略します。

第1章

「夫セーフティネット」という仕掛け

コロナ禍の下での「女性不況」は、店舗の休業などによる非正規雇用を中心とした女性たちの大規模な失職と収入の激減から始まった。追い打ちをかけたのは、政府の「感染防止策」としての一斉休校措置によって、子育てを抱えるたくさんの女性たちが働きに出られなくなったことだった。こうして、女性たちの稼ぎ出していた収入が失われることに、政府も社会も敏感とは言えなかった。それが、減収の補償の不備につながり、女性の困窮を生み出した。その底にあったのが、「女性は夫などの男性に扶養してもらうことができるから、社会による支えが手薄でも問題にはならない」とする「夫セーフティネット」という仕掛けだった。

1 シフト制パート女性の反乱

二〇二〇年二月、神奈川県のカフェで働く三〇代のパート社員、エリカは嫌な空気を感じ始めていた。一月に日本初の新型コロナウイルスの感染者が発見されたという報道が流れ、その後、感染への恐れが広がるにつれ、店の客足は遠のいていったからだ。三月に入ると客は激減し、ついに四月七日、埼玉県、千葉県、東京都、神奈川県、大阪府、兵庫県、福岡県に緊急事態宣言が発せられた。宣言を受けて、勤め先のカフェが入居していたビル自体が閉じ、店は休業となった。一、二週間前に決まる勤務表のシフトに沿って働いてきたパート社員たちは、「解雇」でもなく「休業」でもなく、「シフトがなくなっただけ」とされ、収入ゼロのまま宙づり状態に置かれた。これからどう生計を立てていったらいいのか。コロナ禍前には気づかなかった「シフト制パート労働」の闇に、エリカたちは飲み込まれていた。

サービス産業に広がったシフト制

「シフト労働制」と聞くと、工場労働を連想する年配世代は多いだろう。朝九時から夕方五時までの一日八時間、週五日働くという標準的な勤務体制に対し、工場では、八時間ずつの三交替制などによって、一日二四時間、三六五日体制で機械を目いっぱい操業する方式がよしとされてきたからだ。だが、二〇〇〇年前後から、飲食店、書店、衣料品などの大手による全国展開のチェーン店で深夜営業が広がり、長時間営業を支えるシフト制の労働が、サービス業界をも席巻していく。

「接客」は人が行うサービスだ。そこでの経費削減策として、①最低賃金水準の時給、②需要の消長に応じて簡単に切れる不安定な短期雇用、の二つを備えた非正社員を多数採用し、必要な時だけシフトに貼り付けて最適効率で店を稼働させる「シフト労働制」が多用されていく。対人サービスの工場労働化だ。

非正規が支える職場では、急な欠勤や退職も頻発する。これを、少数の正社員店長(ときには契約社員の店長)の長時間労働で穴埋めし、辻褄を合わせる。こうした働き手の組み合わせによって、全国展開の大手店舗の長時間営業は支えられてきた。

エリカが働くカフェもそんな店の一つで、さまざまな外食店を全国で多角的に展開する上場企業だ。二〇一八年に働き始めて以来、正午から午後五時までの一日五時間、週四〜五日の契約で働いてきた。時給は最低賃金をやや上回るくらいで、手当や賞与などは原則つかない。だから、月収は時給に働いた分の時間をかけ合わせた一〇万円程度だ。

この一〇万円は、エリカの家庭にとって不可欠な生活給だった。正社員の夫は単身赴任中で、その収入は単身赴任先の家賃や食費・光熱費などの夫の生活費と、住宅ローンの返済でほぼ消える。留守宅のエリカと二人の子どもの生活費、住宅ローンの一部、子どもたちの保育料は、エリカの収入で賄われてきたからだ。

飲食業界で正社員として働いていたが、結婚を機に退職した。夫に「家庭に入ってほしい」と言われたこともあるが、それ以上に、朝から夜中まで働くこともある不規則な勤務に子育てが加わったら体がもたないと思った。だが、子どもたちが保育園に入ったことを機に、経験を生かせる業界で再就職したいと飲食業界を中心に就活を始めた。

安定した正社員を希望したが、正社員はどこでも、極端な長時間労働が前提とされていた。「短時間正社員」の制度があると聞き、面接のとき希望してみたことがある。すると、「それは正社員員が育休から復帰するときの働き方」と言われた。長時間労働の正社員が、育休後の子育てが大変な時期を短時間正社員でしのぎ、元の長時間労働に戻るためのつなぎの仕組み、ということだ。「「短時間正社員」は、短時間で働き続けられる正社員のことじゃなかったんだ」と思った。

家庭と両立できる正社員枠がほとんどないことを思い知らされ、エリカは今の店で、パートとしてシフト労働に就くことになった。そんな職場をコロナ休業が襲った。

「シフトなし」は「契約なし」？

「解雇」でも「雇い止め」でもない、「シフトゼロ」は四月の緊急事態宣言発令後、翌五月に入っても続いた。いつ戻るかわからないシフトの復活を待って食費を切り詰め、貯金を取り崩し続けた。

コロナ休業の場合、休業手当でしのいでほしいと厚生労働省は呼びかけていた。会社は、休業直前に働いた分の一万五〇〇〇円と、休業の際にシフト表で確定していた一週間分のシフト労働の賃金の六割にあたる一万五〇〇〇円の休業手当は支給すると言った。合わせて三万円。これでは、半月分の生活費にもならない。

労働基準法二六条では、使用者の都合により労働者を休業させた場合には、休業させた所定労働日について、平均賃金の六〇％以上の休業手当を支払う必要がある、とされている。会社の「六割保障」は法の文言に沿ってはいる。だが、一日五時間で週四〜五日、働き続けてきたことを考えれば、シフト表で決められた先も雇用契約はあったと考えてもおかしくないのではないか。シフト表に明記された労働日以外は保障しないという主張に、エリカは疑問を抱いた。

それまで、繁忙期や人手が足りない時には、残業し、土日も含めて連続出勤したこともある。エリカは、店長がいない時のクレーム対応や店が入居する商業施設の会議への出席など、店長の代わりのような業務もこなしてきた。店長以外は正社員がいない店で、自分たち非正規が店を背負っていると知っていたからだ。会社側も、エリカが働き続けることを前提に店を運営してきたはずだ。にもかかわらず、一日の労働時間が正社員より短く、シフト制で働いていただけで、「保障の対象はシフトに明記された一週間分だけ」とされてしまう。

同僚には、店での賃金で学費や生活費をまかなっている学生バイトもいた。彼ら、彼女らは、こうした計算方法によって三〇〇〇円程度しか支給されず、途方に暮れていた。

生活の逼迫に、政府が推奨する緊急小口資金の利用も考えた。だが、すでに住宅ローンも抱えている。これ以上借金が増えたら怖いと二の足を踏んだ。悩んだ末に六月、インターネットで見つけた「首都圏青年ユニオン」の労働相談に駆け込み、その支援で交渉に入った。その結果、シフトは復活した。だが週三日、一日四時間に縮められ、収入は半分近くに減った。

二〇二一年一月には働いていた店舗がついに閉店した。労使交渉に入っていたエリカは、他の店舗での仕事を紹介してもらうことができた。だが、移った先の店舗では、仕事の確保は正社員が優先され、週一～二日、一日三～四時間のシフトしか組んでもらえなかった。やむなくほかの会社の事務パートとのかけもち就労を始めた。ところが、店のシフトは直前に決まるため予定が立てにくく、事務パートの日数を増やせないまま家計は逼迫を続けた。

非正規労働者を支援する複数の労組などの働きかけで、こうしたシフト制労働者の苦境が政治家や厚労省に伝えられ、国会でも取り上げられた。二〇年七月、会社が休業手当のための助成金を申請してくれない時に個人でも申請できる「新型コロナウイルス感染症対応休業支援金・給付金」の申請受付が始まった。当初、大手企業の非正規は対象外だったが、これも野党などからの批判によって二一年一月から拡大され、さかのぼって申請することで、エリカはようやく一息つくことができた。

だが、会社側は、シフト外の休業手当は最後まで認めなかった。会社が休業手当を認めた正社員は約四〇〇人。店を実質的に支える約六〇〇〇人の非正社員には、シフト表で予告されていたわずかな日数以外は休業手当を認めない。その多くは、女性パートが占める。

店の中心的な担い手として働き続けてきても、子育てがあるため長時間働けないというだけで、①短期契約という不安定な条件を強い、②好きなように労働時間を切り縮められる「シフト制」に貼り付け、③ことが起きた時の保障もシフト表に記載されたものに限定するやり方が、エリカには「子育てを担わされている女性を狙った性差別」と思えた。

はっきり性別を名指ししなくても、どちらかの性に不利な仕組みを設けて不利益を与える行為は、「間接差別」と呼ばれている。エリカは、そうした差別をかぎとっていた。納得できず、二〇二一年七月、エリカは、休業手当の支払いやシフトの増加を求めて横浜地裁に会社を提訴した。

「週一日勤務」でも失業ではない

会社の都合で簡単に労働時間を切り縮めることができるシフト労働制は、コロナ禍の下で「週一日勤務」という失業すれすれの働き方も生んでいた。

関西の大手結婚写真撮影スタジオで、パート社員として働いてきた四〇代のレイコは、二〇二〇年五月、会社からの通知に言葉を失った。コロナ禍による経営不振を理由に、パート社員全員に「週一日勤務」を求める「お願い」が突きつけられていたからだ。

レイコは二〇一五年、週三日、一日六時間という雇用保険未加入の契約で働き始めた。小学校低学年の二人の子どもの世話で、残業が必須のフルタイム勤務にためらいがあったという点は、エリカと共通している。

子育てが一段落する時期になったらシフトを増やせるかもしれない、という上司の言葉を頼みに、一年契約を更新して働き続け、二〇年四月、「五年を超えたら無期雇用に転換できる」という労働契約法一八条の規定に沿って無期雇用パートになった。そこをコロナ禍が襲い、休業が始まった。

同月の緊急事態宣言を受け、会社は全店舗を休業し、全ての従業員に一斉休業を命じた。四月は週三日分の休業手当が出たが、五月からは、正社員には一〇〇%の賃金を補償する一方で、パートは全員「週一日のシフト」と変更され、一日分の休業手当しか払われなくなった。会社は「シフト分は一〇〇％支給している」と言った。

レイコの収入は、家賃や教育費の重要な支えだった。それが激減したことで、貯蓄もできなくなった。

契約書には、「シフトは週三日」と書いてあったはずと思い、読み返すと「概ね週三日」「繁忙期と閑散期はその限りではない」となっていた。これでは契約違反は問いにくい。

六月になると、「シフトは週一回」とする契約書に同意するよう求められた。ほとんどのパートは、「辞めるか、週一回か」を迫られる形になり、署名に追い込まれたが、レイコは断った。会社側の社会保険労務士からは「雇用保険もない労働者は立場が弱く、モノを言うとクビにされやすい」と脅しめいた言葉もちらつかされた。それでも、正社員には一〇〇％休業手当を出す一方、パートというだけで、大幅なシフト減らしを通じた手当削減を強いることに、どうしても納得できなかった。

断ったにもかかわらず、その後のシフト表は、週一回にされていた。レイコはこの条件で働くしかなかった。

「週一回」という首の皮一枚でつながっているようなシフトを求めるのは、シフトをゼロにすれば「解雇」とみなされる恐れがあるからではないか、という見方が、従業員の間で広がっていた。正社員が支給されている休業手当は、政府の雇用調整助成金(雇調金)が支えている。経営が苦しくなっても解雇せず、雇用の維持を目指して支給される雇調金は、解雇の有無によって助成率に差がつけられている。もし、パートをシフトゼロにして、それが解雇とみなされたら、雇調金が減らされると心配したのではないか、というのだ。

シフトが週一回に減らされても、仕事の量は減らない。加えて、ベテランで職場の状況を知っているレイコには、コロナ防止対策で休業中の正社員の分の仕事も集中した。おかげで、昼休みが取れなかったり、残業せざるをえなかったりすることが増えた。

転職も考えたが踏み出せなかった。再就職先を探しても子育て女性は敬遠されがちなことが、体験からわかっていた。

思い余って労働相談のホットラインを通じ、弁護士に相談した。「週一回」という失業すれすれの雇用を合意なく押しつける手法はおかしいと、弁護士も乗り出した。その年の一一月、レイコは会社を相手取って大阪地裁に提訴した。

パート女性が裁判にまで踏み切ることは多くない。最低賃金水準の賃金では弁護士費用などに見合わないことが多い。「家事や子育ての合間の仕事」という見方が家族にもあり、気兼ねがあること、などが理由と言われる。そんな女性たちが、相次いで提訴に踏み切った。コロナ禍で露わになった「使い捨て扱い」に対する静かな反乱だった。

2 「家計補助」のトリック

解雇も失業も見えない働き方

エリカやレイコのように、パートやアルバイトは多くの職場で基幹的な働き手になっている。にもかかわらず「シフトを減らしただけ」として、「解雇」や「失業」にまつわる労働者への支えがおざなりにされる。コロナ禍でこうした事態が露わになるなかで、野村総研は二〇二一年二月、「シフトが五割以上減少し、かつ休業手当を受け取っていない人」を「実質的失業者」と定義し、その数を推計した。全国の「実質的失業者」は男性四三・四万人に対し、女性は一〇三・一万人にのぼった(野村総研ニュースリリース、二〇二一年三月一日付)。

序章でも触れたように、コロナ禍の下でも女性の失業率は男性を下回り続けてきた。二一年二月の完全失業者数は男性約一〇三万人、女性約六八万人だが、試みにこの「実質的失業者数」を足してみると、女性は約一七一万人で、男性の約一四六万人を上回る。コロナ禍は、シフト労働制という枠組みが、失業すれすれの状態を強いられても「解雇」として顕在化させない、「見えない雇用危機」をもたらしていることを浮かび上がらせた。

シフト制の問題点が相次いで指摘されたことで、厚労省も二二年一月七日付で「いわゆる「シフト制」により就業する労働者の適切な雇用管理を行うための留意事項」(厚労省ホームページ)を発表し、シフト制を「労働契約の締結時点では労働日や労働時間を確定的に定めず、一定期間ごとに作成される勤務割や勤務シフトなどにおいて初めて具体的な労働日や労働時間が確定するような形態」と定義した。ただ、これにも問題があることが指摘された。シフト制労働者が働く日は、すべてがシフト表などで「初めて確定」するわけではないからだ。

エリカやレイコも、週三日、週四日といった形で事実上の所定内労働時間がほぼ固定的に決められ、会社側もだからこそ安定的に営業ができる。だが、コロナ禍では、シフト表が出ていない労働日は確定されていないとして、休業手当の額は大幅に切り下げられた。厚労省の定義では、それらが容認されかねない(川口智也・有野優太「厚労省「留意事項」の批判的検討」『労働法律旬報』二〇二二年八月上旬号)。

首都圏青年ユニオンの尾林哲矢事務局次長も、「シフト労働」とされるものには定時の定期的な出勤が求められる「規則的シフト制」も多い、とこの定義に疑問を投げかける(尾林哲矢「「規則的シフト制労働者」とシフト制規制の必要性」)。シフト制は不確定だから育児や学業との両立に便利と思われがちだが、実際には働き手が好きなシフトを選べるとは限らず、拘束度が高いものが多い。にもかかわらず、コロナ禍では「不確定な働き方だから」を理由に働いていなかった日は休業とされず、補償の対象から外された。

加えて、短時間労働をシフトでつないでいく働かせ方は、雇用セーフティネットからも働き手を外しやすい。

たとえば、エリカもレイコも「所定内労働時間が週二〇時間以上」という社会保険や雇用保険の加入条件ぎりぎりの契約で働いている。社会保険料は会社が半分を負担するが、その節約を目指す経営側の動きもあり、週二〇時間に満たない女性パートは、二〇〇二年の二一九万人から二〇一七年の三七七万人へと大幅に膨らんでいる(二〇一七年就業構造基本調査)。雇用保険に入っていなければ失業手当の対象にならず、雇調金の対象にもならない。コロナ禍が始まったころ、休業手当が支給されない女性非正規からの労働相談が相次いだのは、それが一因とも言われる。さらに、このような極端に不安定な働き方は、働き手を支える労組からの排除も生み出す。

野村総研は、二〇二〇年一二月、先に触れた個人申請の休業補償をめぐる調査も行った。会社を通さず申請できるため、エリカが受給して一息ついた制度だ。この調査では、「実質的失業者」であるパート・アルバイト女性の七五・七％が休業手当を受け取っていない。また、五九・二％が個人申請の制度があることを知らず、二四・七％が制度について詳しいことは知らなかったと答えている。また、知っている人でもその八六・四％が申請せず、その理由の一位は「自分が対象になるのかわからなかった」だった。

正社員は、人事部や労組を通じて制度を知ることができ、その伴走を得ることで制度を利用できる。一方非正社員には、そうした情報提供機関がほとんどない。日本の労組は一七％程度の組織率だが、その中でもパートの組織率は八％とさらに低く、特に不安定なシフト労働者は組合費の徴収さえ簡単ではない。

このように、シフト労働制は、働き手を「労働者を守る権利」の大半から外してしまう効果を持つ。

夫（父）セーフティネットと家計補助

だが、このような、人の生計を支えるためという労働の基本要件を欠いた働き方が、なぜ大きな批判も浴びずに放置されてきたのか。それは、シフト労働者は「夫の扶養があるパート」「親の扶養があるアルバイト」とされ、困ったら公的な支援の世話にならずに夫か親（父）に支えてもらえばいいと考えられてきたからだ。私はそれを「夫(父)セーフティネット」と呼んでいる。

大手の外食チェーンなどが広がった二〇〇〇年代、労働問題の主流は、極端な長時間労働への歯止めを求めて二〇〇五年に提訴したマクドナルド店長訴訟や、その後のすかいらーくや日本海庄やの店長過労死問題、ワタミの女性正社員の過労自殺問題などの「過重労働問題」だった。〇八年のリーマンショックの際の「派遣切り」のように、男性非正規の「雇用ゼロ問題」は焦点になったものの、エリカらが直面したような、「過小労働問題」については、ほとんど取り上げられることはなかった。

そうした問題が存在しなかったわけではない。〇八年に取材で出会った五〇代のパート女性は、大手住宅販売会社の千葉県内の支店のリフォーム担当部署でパートとして採用され、二級建築士の資格を生かして顧客対応を引き受けていた。「総合職」である男性正社員たちは、転勤を繰り返しているため現場を知らず、間違った指示が目立った。これでは顧客が気の毒、と見るに見かね、それらの誤りを指摘すると、シフト減らしが始まった。ついに週一〜二日に勤務が減り、生活が立てられず転職を余儀なくされた女性は、言った。「パート殺すにゃ刃物はいらぬ、シフト減らせばそれですむ」(竹信三恵子『ルポ雇用劣化不況』)

だが、そんな労働問題は、「パートは経済的に自立できなくても夫がいるから困らない」という社会通念の下でまともに取り上げられることはなく、シフト制労働は学生や男性労働者にも拡大を続けていく。

そんな社会通念を、エリカが起こした訴訟で二二年一二月に被告会社側が提出した準備書面の次のようなくだりは端的に示している。

「原告は、アルバイト・パート収入を生計の柱のひとつとしている家庭にとって、一か月半もの期間収入が断たれることは家計に深刻な影響を及ぼすと反論するが、アルバイト・パート収入(とりわけシフト制労働による収入)は、通常、生計の柱とするものではなく、家計を補助するものと考えるのが素直であろう」

「パートタイマーは店長に比較して職責が軽く(中略)、同業種への転職は比較的容易であり、(中略)家計をそれのみで支えるほどの高額の収入とはならず、家計を補助する機能を有する場合が多い」

パートは生計の柱ではないから家計補助、だから正社員と異なり収入がなくなっても困らない、という論法だが、そこには事実誤認と言葉のトリックがある。

「大黒柱型」から「多就業型」へ

まず、「生計の柱ではないから家計補助」とあるが、夫より収入が少ないとしてもその収入がなければ一家の生活が維持できないようなものなら、それは「補助」ではない。

「新型コロナウイルスと雇用・暮らしに関するNHK・JILPT共同調査――女性の厳しい雇用状況に注目して」(調査期間二〇二〇年一一月一三～一九日)では、妻の家計収入への貢献度は、正規女性で四二・七％を占める。確かに、四割のみでは生計を支えられないが、四割もの収入がなくなれば夫も生計を支えられない。妻は「主たる生計者」ではなくても「生計の柱」のひとつなのだ。

こうした妻の収入に「家計補助」というレッテルを貼って、その重さを軽視させるのは言葉のトリックと言っていい。

非正規女性の場合でもその収入は家計の四分の一近く(二三・八％)を占める。収入が四分の三に減って、生活は成り立つのだろうか。実際、この調査によれば、コロナ禍で妻の収入が減少した家庭のうち三世帯に一世帯近くが、食費を切り詰めたり、貯金を取り崩したりしている。

妻の収入が重みを増している背景には、「一家の大黒柱」とされてきた男性の賃金の低下がある。一九九七年以降、日本の賃金は他の先進国に比べて唯一低下を続け(図1-1)、後藤道夫

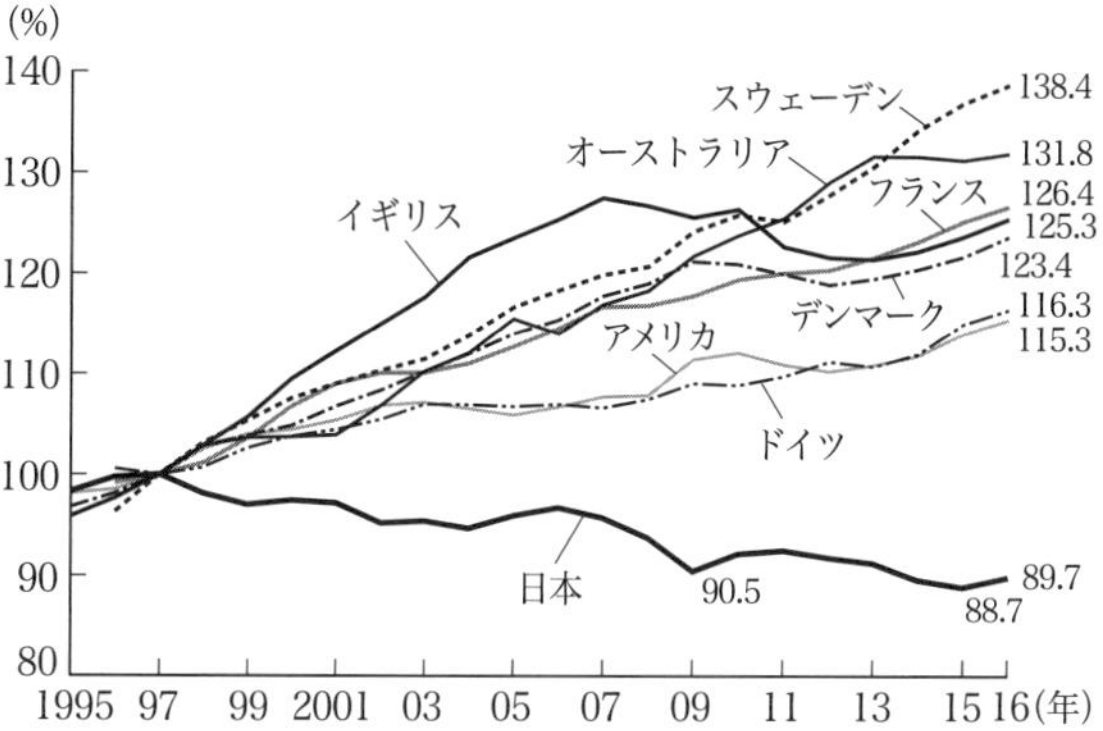

（出所） OECD 統計（https://stats.oecd.org）の「平均年間賃金」調査より全労連作成（日本のデータは毎月勤労統計調査）.

図 1-1　日本だけ低迷を続けてきた実質賃金（1997年＝100）

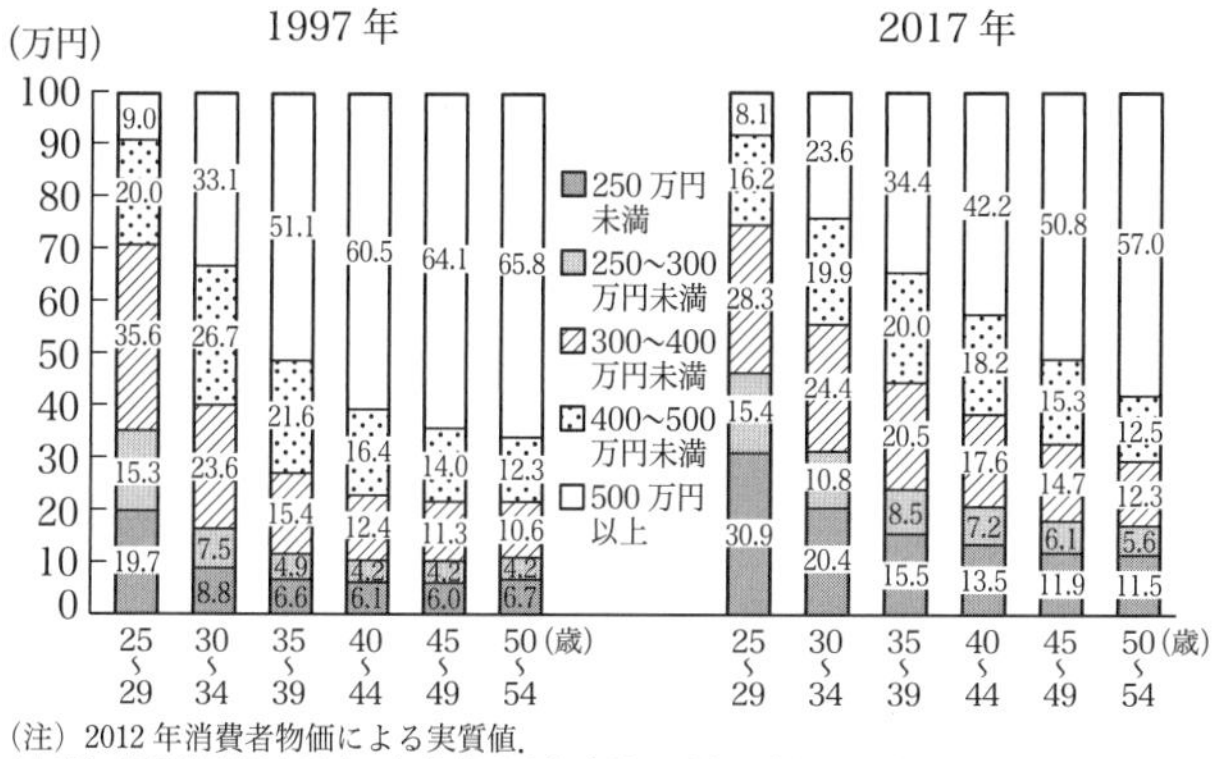

（注） 2012 年消費者物価による実質値.
（出所） 就業構造基本調査より後藤道夫作成（『月刊全労連』2021 年 2 月号より）.

図 1-2　20 年の間に低下した男性雇用者の年収水準

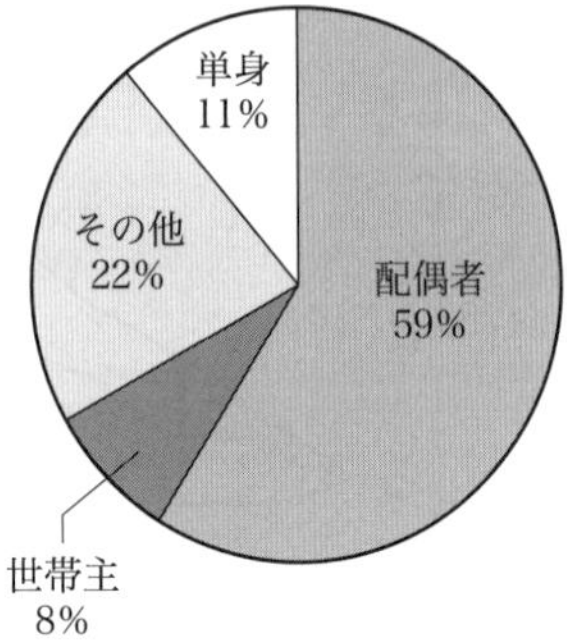

(出所) 2019年労働力調査に基づき筆者作成.

図1-3　非正規女性の家族内の位置

によると、図1-2のように二五〜二九歳の男性雇用者のうち年収二五〇万円未満が一九九七年の一九・七%から二〇一七年の三〇・九%に跳ね上がるなど、働き盛り男性の賃金年収分布の落ち込みが目立つ(『月刊全労連』二〇二一年二月号)。そんななかで、男性の一人働きによる「大黒柱型」から一家総出で家計を支える「多就業型」(蓑輪明子)へと家庭は変化しつつある。

しかも、非正規女性のうち夫がいる女性は、コロナ禍直前の二〇一九年の労働力調査で六割弱にとどまる。残り四割強は、シングルマザーなどの世帯主や独居や、家賃を払い切れず親と同居する単身女性だ(図1-3)。「非正規女性には「夫セーフティネット」があり、その収入は家計補助だから安くても問題ない」という言説は、すでに虚構になりつつある。

学生バイトは親セーフティネットがあるから安くていいという言説も、同じように虚構になりつつある。全国大学生活協同組合連合会の二〇一九年調査では、下宿生の場合の平均収入は月一二万九八六〇円であるのに対して、支出は月一二万九〇九〇円と余裕がない。収入の四〇％以上はアルバイトや奨学金によるもので、バイト代は必須の生活費になっていることがうかがわれる。厚労省が、雇用保険に入っていないパートやアルバイトなどのため、異例の個人申請による休業補償を設けたのは、実態とずれてしまった雇用セーフティネットの綻びを修復する必要に迫られたから、とも言える。

二〇二一年五月、首都圏青年ユニオンは「シフト労働黒書」を発表した。

ここでは、休業手当のシフト労働者への拡大、生活できるだけのシフトの最低保障の制度化、賃金の安いシフト労働者が生活していけるような休業手当の底上げ、といった休業手当制度の改善策のほか、全労働者を雇用保険の加入対象にするなど、非正規労働者が失業した時の生活保障制度の創設・恒常化を求めている。

同ユニオンの原田仁希委員長は、解決のためには「非正規女性の収入は家計補助、という架空の前提をまずやめ、仕事内容に見合った賃金を支給することが重要」と話す。サービス産業化のなか、パートが職場の八〜九割を占める企業は珍しくない。職場の基幹労働力であり、家計の柱の一つともなったシフト労働者の待遇改善を「女性は夫がいれば食べられる」という思い込みが阻み、それが家計の貧困化を促し、夫を追い詰め、社会の消費力を減退させる。「家計補助」論が生む「見えない雇用危機」の怖さがそこにある。

3 一斉休校と「子育て緊急事態宣言」

母子軽視の「右へならえ」政策

だが、新型コロナの感染拡大が本格化し始めた二〇二〇年二月、政府はこうした「夫セーフティネット」を暗黙の前提にしたかのような政策を打ち出す。序章でも触れた、二〇二〇年二月二七日の「学校一斉休校要請」だ。この要請は、特に働く母たちを直撃した。

この日、政府の新型コロナウイルス感染症対策本部第一五回会議で安倍晋三首相(当時)は次のように発言し、その後、記者会見を開いた。

政府といたしましては、何よりも、子どもたちの健康・安全を第一に考え、多くの子どもたちや教職員が、日常的に長時間集まることによる感染リスクにあらかじめ備える観点から、全国全ての小学校、中学校、高等学校、特別支援学校について、来週三月二日から春休みまで、臨時休業を行うよう要請します。(同会議議事録)

『新型コロナ対応・民間臨時調査会 調査・検証報告書』によると、当初、文部科学省は、感染症については各教育委員会や学校の判断を尊重するという従来の方針に沿い、一斉休校の必要はないと官邸に申し入れ、春休みを前倒しにするような形で対人接触を減らすことができるのではないかと考えていた。共働きやひとり親への配慮も共有されていたというそれが、全国一律の休校に急転換したのは、同年二月二四日の「新型コロナウイルス感染症対策専門家会議」の記者会見での尾身茂副座長(当時)の「コロナウイルスに対する戦いが今、まさに正念場というか、今まさに瀬戸際に来ている」という発言などで危機感を強めた官邸主導によるものだった、とされている。

首相要請の翌日の二八日には文科省の通知が出され、そして、公立学校のほぼ九九%が臨時休校に入った。一斉休校がコロナ対策に不可欠なものだったとしたら、やむをえないという見方も成り立つだろう。だが、その有効性について、専門家からは疑問視する声も多数出ていた。安倍自身、後に「感染者がゼロの県もありましたが、休校を要請するのであれば全国一斉でやった方が、国民の意識も変わるだろうと思ったのです」(『安倍晋三回顧録』)と述べ、一律の休校が母子に与える影響の深刻さより国民の引き締めに関心があったことをうかがわせる。

こうした一連の決定過程からは、首相の勢いに、「右へならえ」をした政府の姿が浮かんでくる。

拙速とも見える対応のなかで、子どもを持つ母たちのことはどう考慮されていたのだろうか。

二月二七日の議事録には、保護者についての次のような記述もある。

「臨時休業を行うに当たっては、保護者が必要に応じて仕事を休めるような経済的支援を含めた環境整備を行うとともに、どうしても仕事に行かなくてはならないご家庭に対しては、放課後児童クラブなどの受け皿を確保していただくよう、経済産業大臣及び厚生労働大臣にお願いしたい」(萩生田光一文科相)

「産業界に対して子どもを持つ従業員が休暇を取得しやすい環境整備を、厚生労働省と共に要請いたします」(梶山弘志経産相)

だが、週末をはさんで、翌週の頭から休校開始という猛烈なスケジュールのなか、結果として、保護者への支援は「放課後児童クラブ」や「産業界」に「お願い」として丸投げになった。このような「保護者対策」からは、働き手には妻がいるから突然休校しても大きな問題ではない、という政権主流派の空気も漂ってくる。女性が働き続けるためには保育園や学校という親の子育てを代替する場が不可欠であり、その場がいきなり閉じてしまったら何が起きるのか、という想像力が、ここからは見えない。

さらに、危機の時は非正規労働者を調整弁にするという発想が根強い日本の企業が、はたして非正規の母に対して「安心して仕事を休めるような環境整備」を行ってくれるのか、という懸念に対する配慮も見えない。働く女性の過半数が非正規、という事実から出発するなら、非正規の母への支援は最重要課題だったはずだ。

「子育て緊急事態宣言」

札幌市に住む二児の母で、二八歳のチアキもその一人だった。二〇二〇年二月二七日、アパレル関係の会社の契約社員だったチアキは、首相の一斉休校要請をニュースで知った。呆然とした。会社に行かなければならないのに、小学一年の上の息子をどこに預ければいいのか。考える間もなく土日が過ぎ、月曜から休校が始まった。

夫は、大手メーカーの専属の個人事業者として仕事を委託され、働いている。無理な納期を設けられ、「できないなら次の仕事はないぞ」とパワハラめいた言葉を投げかけられることも多かった。異論を唱えれば委託契約を切られ、収入はなくなる。そんななかで、夫より額は少ないとはいえ、一日七時間、週四日の時給制で安定的に収入が入るチアキの仕事は、家計に不可欠だった。

納期が厳しい会社で働く夫が子どものために休めるわけもなく、チアキが休まなければ、まだ小さな息子を一人きりにするしかない。だが、時給制の身では、休んだら収入はゼロだ。悩んだものの、チアキが休むしか手はなかった。

長期の一斉休校に母親たちからの批判が高まり、政府は、コロナで休校した子の保護者に有給の特別休暇を取らせた企業には「小学校休業等対応助成金」(休校等助成金)を支給する制度を設けた。これがあれば、有給で休める。チアキは会社に、この助成金を申請してくれるよう頼んだ。

だが、会社は断った。チアキは、「さっぽろ青年ユニオン」の労働相談に駆け込んだ。ユニオンには、女性たちからの似たような相談が相次いでいた。岩崎唯委員長、更科ひかり執行委員ら三〇代女性のメンバーたちにとって、若い子持ちカップルの生活苦は、コロナ禍以前からの身近なものだった。更科らはチアキを支援して交渉に入ったが、平行線のまま決裂した。

会社は、「助成金制度を使わなくても違法ではない」「同じ子育て社員から、自分は無理して出社しているのに一部の人だけが有給で休むのはずるい、という声が出る」と主張した。女性が我慢して無理することが当たり前の社会では、我慢せずに権利を主張することが「ずるい」

と思えてしまう。そんな悲しい状況が、そこにあった。

短期契約を更新して働く社員は、そのままだと契約切れで「雇い止め」されてしまう。交渉が進まないまま契約期限切れを迎え、チアキは仕事を失った。

失業の前後、三歳の娘が手術の必要な重病にかかり入院した。その看病でチアキは全く仕事ができなくなった。娘の退院後も、コロナ禍で対人サービスの業界は軒並み求人が減ったこともあって仕事は見つからず、家庭向け清掃代行サービス会社でパートとして働き始めた。依頼がないと仕事が入らないような不安定な働き方のなかで収入は不足し、その補塡のため、すき間時間に手作りアクセサリーのネット販売を始めた。だが、その売れ行きも知れたもので、チアキの収入はコロナの感染拡大前の半分以下にまで落ち込んだ。

学校や保育園で感染する子どもが増えるたびに休校・休園になり、そのつど清掃会社は休まざるをえない。社長は「子どもがいない人にしわ寄せが出る」と渋い顔をするようになり、気づくとシフトは同僚に比べ、大幅に減らされていた。

「休校措置は政府の責任で行ったはず。それなのに、これによって起きた被害を回復するための休業補償については企業任せ。被害者が困っていても知らん顔。何かがおかしい」

チアキは納得できず、一斉休校要請から満一年を前にした二一年二月七日、ユニオンの支えで札幌市内の目抜き通りに立ち、マイクを通じて呼びかけた。「二月二八日、ここ札幌から、子育て世代のみんなで、勝手に「#子育て緊急事態宣言」を発出します」

生まれて初めての街頭での訴えだった。会社を通さず個人が申請できる支援金制度を作れ、という要求活動は、ここから全国に広がった。

金井利之・東京大学教授は、政府の「コロナ対策」が生んだ被害を、「コロナ対策禍」と名付けた(金井利之『コロナ対策禍の国と自治体』)。女性たちをめぐる「コロナ対策禍」は、「夫セーフティネット」という仕掛けのなかで、「働く女性個人への支えを置き去りにした一斉休校」という形でやってきた。働き手を支えるはずの休業手当も会社経由であり、会社が重視しない働き手には届かなくても構わないかのような仕組みになっていたことが、その被害を増幅した。そうした「コロナ対策禍」は次章に見られるように、一斉休校の「受け皿」とされた学童保育指導員など「ケア」に関わってきた女性たちをも「見えない雇用危機」へと落とし込んでいくことになる。

第2章
「ケアの軽視」という仕掛け

第1章でも述べたように、突然の一斉休校の「受け皿」として政府に名指されたのは「放課後児童クラブ」だった。首相の前のめりと官邸の急転換の後始末を引き受ける形になったのが、こうした場を担う学童保育指導員たちだ。これら住民に寄り添う専門職の多くは、「ケアを担う性」とされる女性の比率が高い。たとえば学童保育指導員は六〜七割程度が女性とも言われ、介護士の七五%(公益財団法人介護労働安定センター「事業所における介護労働実態調査」二〇一七年度)、保健師や看護師の九割以上(厚生労働省「令和二年衛生行政報告例(就業医療関係者)の概況」二〇二〇年)は女性だ。これらのケア的公務は、コロナ禍前から人件費削減に伴う非正規化、人員削減、民営化にさらされてきた。コロナ対策の重圧が、そんな職場に降ってきた。

1　感染拡大下での学童保育指導員雇い止め

専門的意見を述べたら「反抗的」

二〇二〇年三月二日月曜日、大阪府守口市の学童保育指導員、中尾光恵らは、早朝から学童クラブを開けて子どもたちを待った。前週木曜の首相要請で、週明けから一斉休校が始まった。

出勤しなければならない保護者のため、放課後だけの学童保育の開設時間を「朝八時から夜七時まで」に延ばすよう、急遽、市が決定したからだ。

感染への不安はあったが、「自分たちが働く親たちの仕事と生活を支える命綱になる」という使命感で、職場の士気はむしろ高揚していた。だが、感染を防ぐ措置は十分とは言えなかった。急速な感染拡大でマスクは品薄になり、政府が支給する一人一枚の「アベノマスク」以外は、市からも、学童保育を民間委託されている株式会社「共立メンテナンス」からも、マスクの支給はなかった。

中尾たち指導員は店を探し回り、自費でマスクを調達して働き続けた。「社会から必要とされるエッセンシャルワーカー」という思いが支えだった。

ところが、その最中の三月半ば、会社側から、中尾たちに、「注意ならびに通知書」「厳重注意並びに通知書」（以下、「注意書」）が手渡された。そこには「会社に反抗的」「指示に不服従」として、身に覚えのない行為が列記されていた。三月下旬には、新年度である四月からの契約は更新しないという通告書が職員のうち一三人に届いた。うち一二人は労組に加入している職員だった。このうち、中尾も含む一〇人の指導員は五月、集団で大阪地裁に地位確認などを求めて提訴に踏み切った。

中尾は一年の期限を何度も更新する形で三七年間、市の学童保育園で放課後の小学生たちの指導にあたってきた。ところが一六年、市は「民間ができることは民間に」として、学童保育事業などの公共サービスを、直営から民間委託に切り替える方針を打ち出した。

公募の際は、経験のある指導員を求める保護者の声もあり、中尾らベテラン指導員を優先して雇用することや、従来の運営方針を引き継ぐことなどが求められ、これらを約束した大手「共立メンテナンス」が選ばれた。こうして二〇一九年度から民間委託が始まった。

だが、委託当初から不協和音が生じ始めた。

雇い止めの対象になった指導員たちは、一年の期限を何度も更新して八〜三七年間働いてきたキャリアのある指導員だ。経験を踏まえ、委託後も、子どもの育ちという面から会社側に疑問や意見を表明することがあった。それらが不服従とされ、労組との団体交渉も拒否された。

訴訟で原告の一人になった指導員によると、一九年四月の受託直後、以前から児童虐待が疑われていた子どもの親から利用申請が出ていないことに気づき、市と協力して緊急に対応すべきだと会社側に話した。委託以前から、そうした連携は行ってきたからだ。だが、会社側から、利用申請が出ていないので対応する義務はない、と言われた。公共サービスの基本となる「公的使命感」と、私企業の「対価に見合ったお客様サービス」との対立がそこにあった。

「注意書」で「二〇一九年九月、保護者説明会においても、長く指導員をやっているのでこれまでやってきたことを変えないと反論し、会社に対して反抗的であった」とされた出来事も、専門職の使命を重視する指導員と、会社の指揮命令権を重視する民間企業とのずれをうかがわせるものだった。ここでは、子どもによる手作り昼食会について「今回はできない」と言った会社側に、保護者から「子どもが楽しみにしているのになぜか」と質問が相次ぎ、たまたま同席した指導員も理由がわからず、「なぜですか」と聞いたことが「反抗的」とされた、と指導員らは振り返る。

コロナ禍の下で、こうしたずれはさらに広がった。子どもたちのために適切な感染対策や職員の待遇整備を協議する必要があると考えて交渉を求めた労組側に対し、会社側は、労組の規約の不備などを理由に団体交渉の拒否を続けたからだ。

これらの会社側の対応を、二〇二一年四月、中央労働委員会は不当労働行為と認定した。法令違反があった企業の入札参加を停止させる条例に基づいて住民や弁護士などが自治体に働きかけ、同社は同年五月、中労委の認定をもとに、大阪府、京都市、そして守口市からも相次いで入札参加資格の停止処分を受け、二二年四月、中尾たち労組員は、和解によって、会社側の謝罪と、合計一億円を超す解決金を勝ち取った。

切り離される「ケア的公務」

中尾らの勝利に終わったものの、深刻なのは、資格停止処分に至るまで守口市が混乱を放置し続けたことだ。コロナ禍前も、指導員への納得できない異動があり、組合が抗議し、保護者も見直すよう署名活動を行った。このとき市は、民間企業に人事の介入はできないと回答した。学童保育なしで住民は安心して働けない。「住民をケア(世話)し生存を支える公共サービス」の核だ。だからこそ、税金によって支えられている。とすれば、民間に委託したとしても、行政には適正に業務が遂行されているかを監視する責任があるはずだ。

だが、共立メンテナンスのサービス提案は、市をこのような「監視責任」から解放することがひとつのセールスポイントになっている。

内閣府のサイトに掲載されている「窓口業務の民間委託に係る先進・優良事例集」を見ると、「民間事業者によるプレゼンテーション」の一覧の中に、同社の資料「行政事務の包括民間委託について」(二〇一七年一〇月二日付)が掲載されている。これによると、同社の取引自治体数は全国約一二〇公共団体にのぼり、受託業務は窓口業務、図書館、車両運行、受付電話交換、給食調理、保育業務、学校内業務、と多岐にわたる。

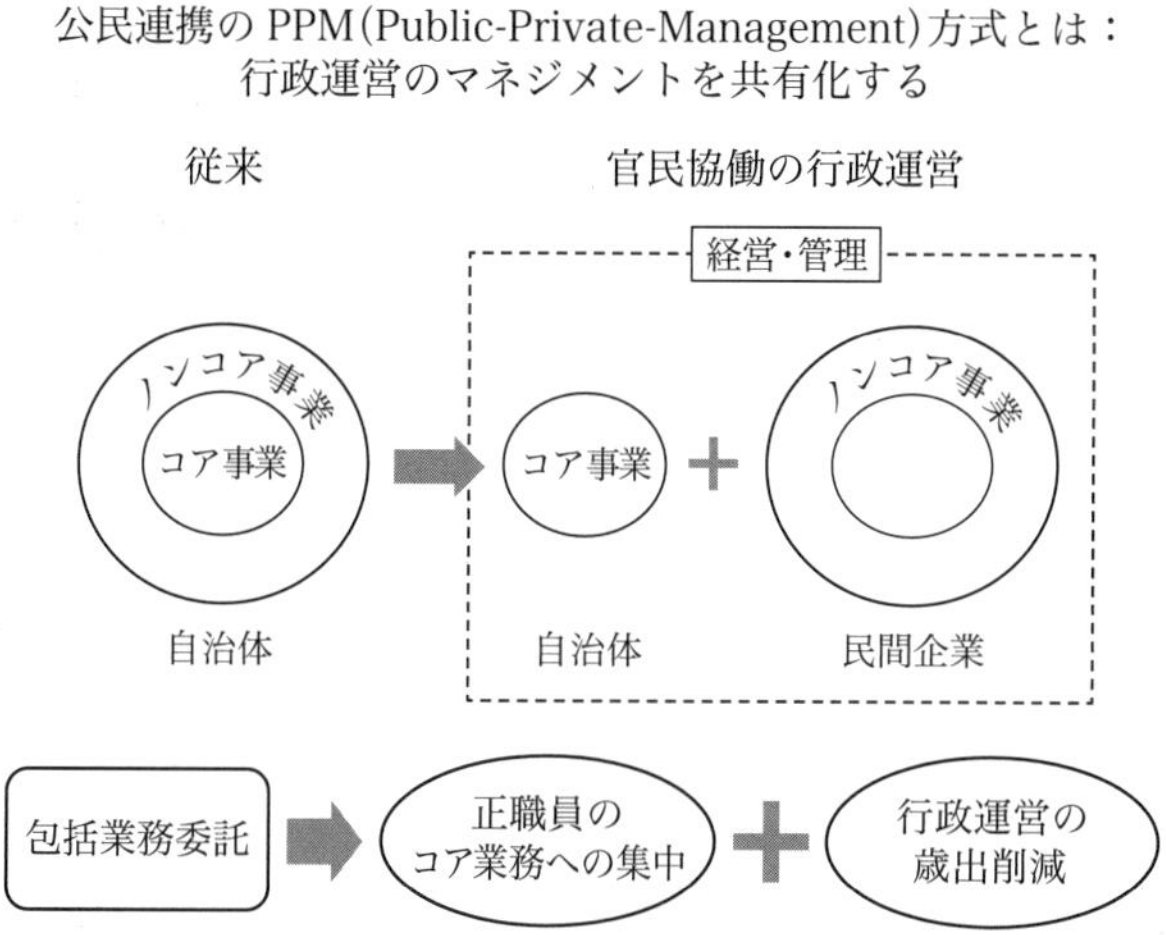

（出所）内閣府ホームページ「窓口業務の民間委託に係る先進優良事例集」より作成.

図2-1　公民連携の行政運営

図書館、受付電話、給食、保育など、これらの業務の多くは住民に接してその生活を支えるもので、住民の生存権を守る実務部分だ。言い換えれば、憲法二五条が保障する健康で文化的な最低限度の住民生活を守るための基礎的なサービスであり、だからこそ、これを所得が少ない住民も利用できるよう、税を支出して公的に支える。このような「住民を支えるケア」とも言える公共サービスを、私は「ケア的公務」と呼んでいる。

その部分を、図2-1のように「ノンコア事業」として一括して自治体から切り離させて受託し、自治体には意思決定に関わる「コア事業」だけを残すというのが共立メンテナンスの「包括民間委託」であり、政府もこうしたサービスを「優良」として推奨していることになる。これでは、「ケア的公務」は行政本体の「見えるところ」から追いやられ、直接の責任対象の外に置かれる恐れがある。

それでも、委託した側として目を光らせ、ガバナンスを利かせることができればいい。だが、先に引用した同社の資料には、「委託効果」として「非正規職員の労務管理から解放」(二〇二三年六月一五日に確認)という文言がある。つまり、「労務管理から正職員を解放するサービスに市が対価(=税金)を払う」ということだ。その結果、企業に委託されたさまざまな住民ケアの現場で働く人々の人権が守られているか、子どもたちを感染から適正に守れるような働かせ方になっているのか、といった労務管理はカネで解決される形になり、市は、自分たちにそれらへの義務はない、という思いへと向かいがちになる。

守口市の保育指導員労組に対する会社側の団体交渉拒否には、住民から、労働組合法に反する行為として市に抗議書も出されていた。にもかかわらず守口市が長く静観を続けていた理由が、この文言から見えてくる。

また、この仕組みを利用すれば、市は、業者への委託料を減らすだけで、人件費の削減申し入れやこれに対する労組からの団体交渉も業者に代行させることができる。本体は手を汚すことなく、賃下げを実行できることになりうる。

背景にあるのは、正規公務員(七割近くが男性)による行政権力の行使(「権力的公務」)を本来の公務とみなす一方、「ケア的公務」の大半を担う非正規公務員(七割以上が女性)(総務省「地方公務員の会計年度任用職員等の臨時・非常勤職員に関する調査結果」)の仕事を周辺的なものとして軽視し、本体から切り離して安く上げようとする「公務のジェンダーによる序列化」だ。私たちの社会に根強い「ケアの軽視」という仕掛けが、それを容易にする。

2 「保健師増やして」キャンペーン

保健所の統廃合のなかで

学童保育の民間委託にも見られるように、一九八〇年代の「行革臨調」(第二次臨時行政調査会)や二〇〇一年に登場した小泉純一郎政権の「聖域なき構造改革」などを通じ、人々の生存権を守る公共部門は縮小され続けてきた。新型コロナの感染から住民を守る最前線となった保健所も、そのひとつだ。一九九四年に「保健所法」が「地域保健法」に改定されて統廃合が促進され、その数を減らされてきたからだ(図2-2)。

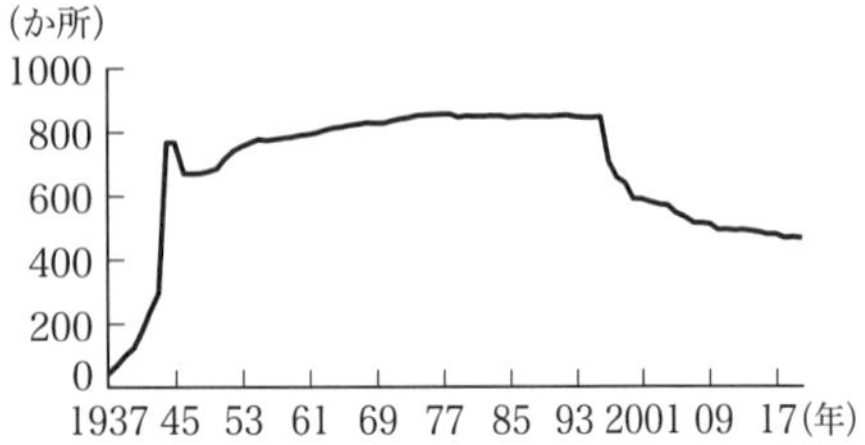

(出所)『全国保険医新聞』2020年5月25日付(全国保健所長会ホームページ)より筆者作成.

図2-2　保健所総数の推移

四〇代の保健師、チエは、大阪市内の保健所で働いている。チエが仕事に就いたころの二〇〇〇年、大阪市内各区に二四か所あった保健所が一か所に統合された。元保健師の亀岡照子によると、代わりに各区に「保健センター」が置かれたが、保健師や職員の数は削減され、地域担当の保健師は一人あたり一万二〇〇〇人の住民を担当しなければならなくなったとしている(亀岡照子「新型コロナと自治体」)。大阪府全体でも、二〇〇〇年時点で六一か所あった保健所はコロナの感染拡大が本格化した二〇二〇年には一八か所に減っており、人口一〇万人あたりの保健師の数は二七・七人と、全国二番目の少なさになっていた(前掲「令和二年衛生行政報告例(就業医療関係者)の概況」)。

チエの職場は女性が多く、家族のケアと仕事を両立させている職員も多かった。そんななか、「お互いさま精神」でぎりぎりの人員をやりくりしていた職員たちを、二〇二〇年二月、コロナ禍が襲った。コロナ禍は第2波、3波と続き、残業は恒常的になった。異常事態のなかでも二一年四月の定期異動は実施され、チエは別の保健所に転勤になった。仕事の引き継ぎとコロナ禍対応の二重負担で疲れ果てていたところへ第4波が到来し、五月には、患者の急増で公衆衛生や医療供給の体制が機能不全となる「感染爆発」が起きた。

保健所が行う新規感染の住民への最初の健康状態の聞き取りを、「ファーストタッチ」という。このための電話かけは、当日中に行わないと命に関わる。血中の酸素飽和度を測る「パルスオキシメーター」が必要かどうかをここで判断し、必要ならバイク便で送り、その測定結果によってホテルへの宿泊か入院かを決めなければならないからだ。だが、翌六月からの第5波では、不安に駆られた高齢者や学校、職場などから「ワクチン接種はいつ」「早く検査を」と相談が殺到、ピーク時には一日九〇〜一〇〇件にのぼる事態となった。対応しきれず、ファーストタッチは安否確認だけにとどめるしかなかった。

職場の時計は毎日深夜を回った。派遣社員が新規感染者のシステム入力など事務的な仕事は分担してくれたが、責任ある仕事は正規職員が担わざるを得ない。コロナ禍対応の合間を縫って、健康相談のための家庭訪問などの通常業務も必死でこなした。

事態の急迫に、大阪府関係職員労働組合は二〇年三月、「公衆衛生の危機！　このままでは府民のいのちと健康は守れない！」の声明を発表、同年八月からツイッターなどで市民に職員らの窮状を訴える「大阪府の保健師、保健所職員増やして」キャンペーンを始めた。

全国に支援の輪が広がり、ようやく二一年度、大阪府管轄の各保健所に正規保健師が一人増員され、二二年度は各保健所に保健師二人、行政職一人が増員されることも伝えられた。だが、感染の急拡大のなかでは焼け石に水だった。

職場と家族の板挟み

女性の職員が多数を占める職場でのもうひとつの重大問題は、家族のケアだ。

チエの三人の子どもたちは、チエの母が自宅まで来て寝かしつけ、深夜の帰宅を待ってバトンタッチする。翌朝の保育園への送りはチエの父が引き受ける。それでも、母の帰りを待って子どもたちの寝る時間は遅くなり、睡眠不足が目立ち始めた。わずかな休みの日があっても、母に甘えたい子どもは逆に怒りを爆発させたりする。その対応で疲労が抜けない。

同僚には子育て世代の中間管理職女性もいる。小学校に入学したばかりの子どもの心のケアに寄り添えないことや、仕事を辞めてほしいと言い出す夫など、家族との板挟みが、チエたちの負担をさらに重くした。妻の体が心配で職場や労組に電話してくる家族もいた。

みな、泣きそうになりながら働いていた。このままでは中堅層の退職が増え、技術を引き継げなくなる恐れもあると思った。

若い職員の負担も重く、持病の子宮内膜症が悪化し生理が止まらなくなった職員もいた。生理休暇は取れない。咳が止まらない、発疹が出るといった体調不良も続発していたが、自分の体調管理どころではなかった。何より、いつまで我慢すればいいのか見通しが立たないことがつらかった。第6波が来たらもう続けられない、と思った。

二〇二二年二月、心配していた第6波が来た。大阪市では、感染拡大による病床逼迫のなかで、市の防災局が、高齢者施設に、すぐに救急車を呼ばずに保健所を介して連絡するよう文書を出していたことも報じられた(朝日新聞デジタル、二〇二三年二月一〇日付)。

チエの残業は増え続け、ついに子どもの一人が不登校になった。

搾取される資格職の使命感

このような保健師らの窮状は、数字にも表れている。二〇二一年一一月に開かれた「第四回自殺総合対策の推進に関する有識者会議」議事録・配布資料(清水康之)によると、過去五年平均と比べた女性の自殺者の増加幅で「医療・保健従事者」は上位六業種に入り、同年七月からの「コンスタントな増加」が指摘されている。

看護師も、そんな「医療・保健従事者」の一角を占める。日本医療労働組合連合会(日本医労連)中央執行委員長の佐々木悦子は、看護職員について、配置基準が実態に見合っていないため「平時でも時間外労働や人事院判定である月八日以内夜勤を超える夜勤が常態化しており、このコロナ禍で働き方は過酷さをましている」とし、日本医労連の看護職員などに対する「二〇二一年度夜勤実態調査」では、八時間以上の長時間勤務となる「二交替制」を実施している病棟の割合は四四・〇%と過去最高になったと述べている。

差別発言も問題化していた。二一年二月に日本医師会が公表した調査(日本医師会「新型コロナウイルス感染症に関する風評被害の緊急調査」)では、新型コロナウイルスにまつわる医療従事者らへの差別や風評被害は前年一〇〜一二月の間に全国で六九八件確認され、主に看護師を指す「医師以外の医療従事者」に対するものが二七七件(約四〇%)で最も多く、看護師には、コロナ対応の職場で働いていなくても「近寄らないで」と心ない言葉をかけられたり、保育園に子どもを預けるのを拒まれて仕事を休まざるを得なかったりするケースが多かった。差別的な発言はその家族にも及んだ。

だが、同年九月、大阪府内の病院のベテラン看護師は、私の取材にこう語った。

「患者さんたちの暴言も増えた。でもそれは、こちらの手が回らず、十分なことができていないせい。患者さんに申し訳ない」

介護職場も例外ではない。日本医労連の「二〇二一年介護施設夜勤実態調査」では八七・六%が長時間労働を強いられる「二交替制」で、うち五三・二%が「一人体制」のワンオペ状態だった。

性別役割分業による家族のケアや、生理休暇など、女性の労働は男性以上に生活や身体の維持に関わる時間への配慮なしでは成り立たない。人の生活や命を守るライフライン職場はそうした働き手たちに支えられてきた。それを考えれば、これらの職場には平時から、ゆとりある人員配置が必要なはずだ。だが、その人員は「小さな政府」へ向けて削がれ続け、この看護師のような資格職の強い使命感が、実態と人員との落差を埋めてきた。コロナ禍はそこを直撃し、悲鳴のような増員要求にも政府や自治体の対応は鈍いまま、ツケは担い手たちに回され続けた。

3 「三密」の連続、上がらない報酬

実態と乖離した要請の連鎖

「問題は、女性が多く担うケア的な仕事への軽視です」と語るのは、東京都内の私立保育園で働く五〇代のベテラン保育士、町田ひろみだ。

保育所は、厚労省の保育所保育指針で「児童福祉法(昭和二二年法律第一六四号)第三九条の規定に基づき、保育を必要とする子どもの保育を行」うとされている。休園は現場の自治体の指示に任されているが、保育を必要とする子どもがいる限り簡単に休園にはできない。「これまで大きな災害でも保育園が休みになった経験はない」と町田は振り返る。保育士はそれほどの重責を担っているが、コロナ禍では、感染拡大当初、そんな現場の実情にそぐわない要請ばかりが次々と一方的に降りてきた。

まず、「三密」を避けろと言われた。だが、保育園の仕事は「抱っこ」「食事」と「密」の連続だ。保育士が子どもへの感染源になってはいけないと考え、保健所にPCR検査を求めたが、初めのころ、検査はしてもらえず、子どもは重症化しにくいから休園しなくても大丈夫と言われた。だが、保育士の方は大人だ。感染したら重症化するかもしれない、と不安だった。それでも、危険業務手当などの保障はなかった。

遊具を毎日すべて消毒し、マスクもするように言われたが、二〇年三月時点では消毒薬もマスクも品薄で入手しにくくなっていた。子どもが大切ならそうした物品の手当こそ先決なのに、と疑問だった。

そんな業界にもようやく二〇二一年春から、マスクや消毒液購入のためとして、国の保育対策総合支援事業費補助金が拡大された。だが、「定員六〇人以上の園で年間五〇万円」が最大だった。本当に必要なのは消毒する人の人件費だ。だが、この額では、おもちゃなどの消毒要員をパートで一人雇うとしても、最低賃金以下でなければ難しい。

何もかもが、現場と乖離した上からの発想であるように思えた。子どもたちのケアに関わっている当事者の声を吸い上げるパイプが機能しない社会が、そこにあった。

保育なしで医療現場も動かない

翌二一年夏には、第5波のなか、感染力が強いデルタ株によって子どもの感染者が急増し、休園した保育施設は、八月時点で北海道、茨城、埼玉、千葉、東京、神奈川、京都、島根、山口、香川の一〇都道府県の一六五か所と、七月の一〇倍になった。多くの自治体が登園自粛を求めたが、町田の周囲の母たちは休むに休めない状況に追い込まれていた。「時給制の非正規なので休んだら賃金が払われない」「休業助成金も会社が申請してくれない」「パートは休んだら雇い止め」というのだ。

「保育園が子どもを預からなくなったら保健師も看護師も働けず、ライフラインそのものが動かなくなることが、コロナ禍で明るみに出た」と町田は言う。保育や介護は人の生を支え、

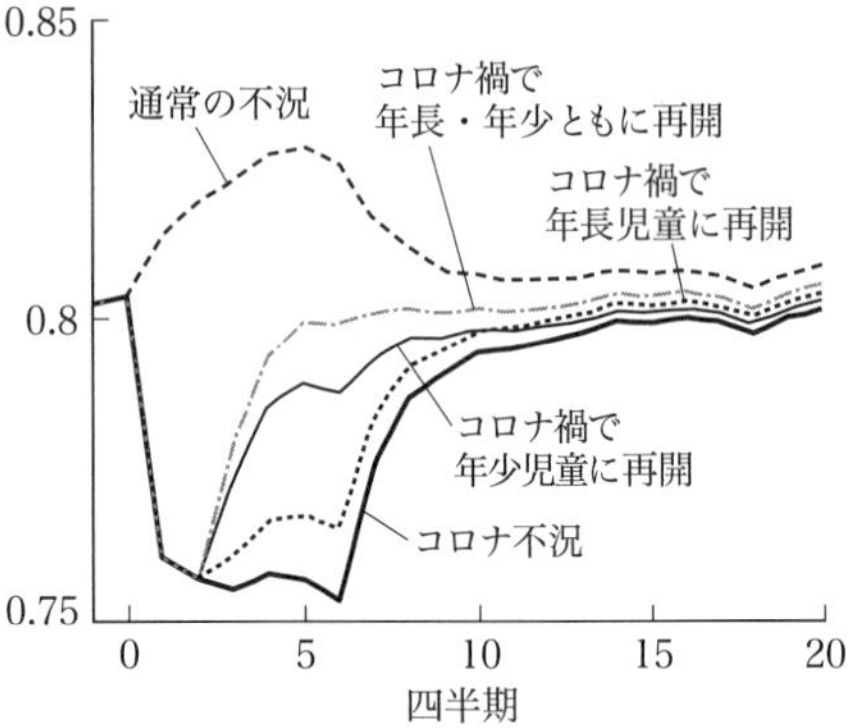

（注）コロナ禍での学校や保育園の再開は男女の賃金格差を縮め，特に小学校の再開は，熟練労働力で賃金が高めの年長の子どもを持つ女性の仕事を支えることで賃金格差の縮小度を高める．
（出所）経済政策研究センター（CEPR）ホームページ（https://voxeu.org/article/shecession-she-recession-2020-causes-and-consequences）より．

図2-3　パンデミック下の学校開設が男女賃金格差に及ぼす影響

経済活動も支える。

序章でも触れたタイタン・アロンらの論文でも、学校や保育園の開設がコロナ禍からの経済の回復を支援する上で大きな役割を果たす、と指摘している。女性が働きやすくなり、労働の供給がしやすくなり、生産量が増えるからだ。アロンらは、これらの施設の開設は従来の不況と異なり、男性に比べて大きく落ち込んだ女性の賃金の回復と男性との賃金格差の改善にも役立つと述べている（図2-3）。

ただ、その際には、施設での感染防止策が必須だ。子どもたちの間で感染が拡大すれば次の閉鎖を招き、女性たちが働けなくなり元の木阿弥になるからで、「ケア的公務」現場の感染対策の重要性はそこからも明らかだ。

一方、日本では、学校は一律に閉鎖されて女性の賃金低下をもたらし、そのツケが学童保育や保育園に丸投げされ、これらの業務の継続は、感染対策の充実より、町田が問題視した「ケア的労働者＝女性＝軽視」を利用して強行された。現場からの要求に耳を傾けるより、突貫的な奉仕を求める形を取ったからだ。

そうしたケア的労働者観は、一九九〇年代、関西地方の保育園で非正規保育士の賃上げ要求に参加した母親が、市の担当者から「家庭の主婦がタダでやっているような仕事に高い賃金は払えない」と言われたという証言(竹信三恵子『家事労働ハラスメント』)からも見て取れる。

これは過去の話ではない。一五年、保育士不足問題の勉強会で出会った中年男性も、「仕事の重さに見合わない低待遇が保育士になりたがらない一因」とする厚労省の二〇〇四年調査に驚き、「保育士不足は女性に奉仕の心がなくなり子育てを嫌がるようになったからではなかったのか」と私に聞いている。

ケア労働者などに極限的無理を強いる「コロナ対策」のなか、二一年一〇月に発表された厚労省の『過労死等防止対策白書』では、肉体的負担が大きいと感じる割合は男性より女性が高く、非正規女性、正規女性、正規男性、非正規男性の順に高くなっていることが明らかにされている。とりわけ「医療業」「社会保険・社会福祉・介護事業」の業界の働き手の肉体的負担度については、「平時から他の業界と比較して高い水準にあったところ、令和二(二〇二〇)年四

～五月には更に上昇し、（中略）令和三年一月には一層上昇」として、感染拡大による緊急事態宣言後の負担増を指摘している。

届かない「三％アップ」

コロナ禍は、それまでも重かった「ケア的公務」の労働負担を極限まで膨らませ、水面下でくすぶっていた「ケア労働の負担と報酬との不釣り合い」を、ライフライン職場の危機、という形で明るみにさらした。中堅保健師の退職と、それによってノウハウの蓄積が途絶えることを不安視するチエの証言にも見られたように、ケア関係の各分野で退職者が相次いだからだ。

たとえば、第6波での医療現場への影響を調査した「第六次「新型コロナ感染症」に関する緊急実態調査」（日本医労連、二〇二二年三月一四日～四月六日、公立・公的病院一四五施設、民間病院三一施設）によると、二〇年度と比べ、「離職者が増加した」が二八・四％、うち離職者が「一五人以上」との回答が三八・〇％、離職の多い職種では看護師が七七・八％を占めている。

また、介護分野の職員や保育士は賃金が全産業平均を大きく下回り、こうした低待遇と感染対策への不安から職員の離職が問題になった。中でも、訪問介護職員の不足や大手との競争激化によって、介護事業所の二〇二〇年の倒産件数は過去最多（東京商工リサーチ調べ）となった。

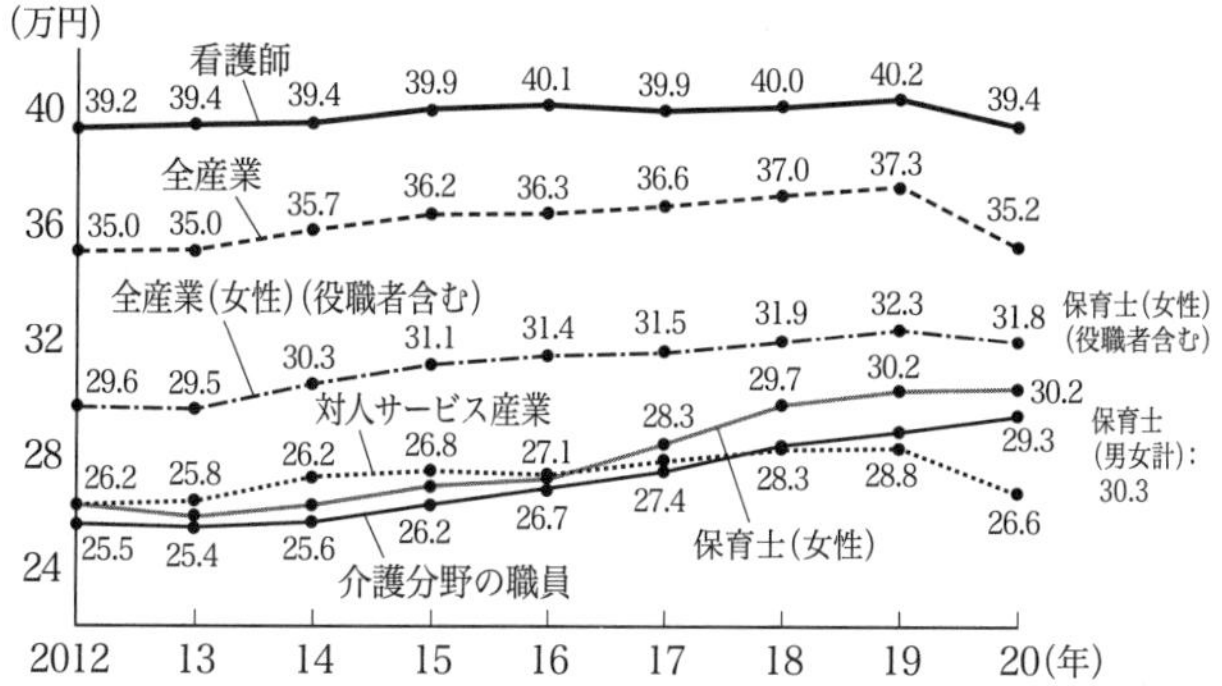

(注) いずれも一般労働者(短時間労働者を含まないもの). 断りのない限り, 役職者は除く.
(出所) 内閣官房ホームページ「公的価格評価検討委員会」(第1回)資料より作成.

図2-4 職種別平均賃金(月収換算)

コロナ禍を支える働き手の低待遇への批判が高まり、岸田政権は二一年一一月一九日、「コロナ克服・新時代開拓のための経済対策」の一環として「保育士等・幼稚園教諭、介護・障害福祉職員」を対象に、「収入を三%程度(月額九〇〇〇円)引き上げる」ための処遇改善事業を二二年二月から実施すると閣議決定した。これに先立って二一年一一月九日に開かれたケア労働者の報酬の引き上げを検討する初の「公的価格評価検討委員会」に提出された資料では、保育士や介護分野の職員の低賃金ぶりに対し、看護師の賃金は全産業平均を上回っている(図2-4)。だが、前出の佐々木によれば、それも、超過勤務手当、休日出勤、夜勤手当までも含めた総収入で、加えて夜勤がない診療所などの看護師は対象から外されるといった、残業を前提にした数字だった。

そのような「処遇改善策」が華々しく報じられる一方で、この年、新型コロナのワクチン接種を理由に医療現場での看護師の派遣労働が解禁された。コロナ禍のみの期限付きの「特例」という形ではあったが、低賃金で不安定な「派遣看護師」への突破口として利用されるのでは、という不安が現場では強まった。

処遇改善事業が始まった二二年、その「三%」についても、現場からは「実感がない」という声が相次いだ。介護職場では、コロナ禍による自宅待機者が相次いで職場全体の負担が激増し、他の事業所への応援依頼に追い込まれる事業所まで出た。ところが、支給対象は介護職員のみだったため、他の職員にも報いようとすると広く薄くなり、三%アップには満たない例が相次いだからだ。「月額九〇〇〇円」も常勤換算なので、こま切れ労働の登録型ヘルパーに依存する訪問介護現場では有名無実となった。また、看護・保育職場でも、仕事の量に見合わない「配置基準」に沿った補助だったため、実際の看護師・保育士数で割ると微々たるものになる例が相次いだ。

4 会計年度任用職員の登場

ダブルワークでしのぐ

一斉休校措置でも見られたように、学童保育や保育の職場で働くケア的公務職はコロナ対策の中核的な受け皿として位置付けられていた。だが、「ケア的労働＝女性の仕事＝軽視」という仕掛けを背景に、これに対する支えは「やった感」重視のおざなりなものに終始してきたことが、「三％賃上げ」からもわかる。

そのなかでもとりわけ見えにくかったのが、ＤＶ（ドメスティック・バイオレンス）や健康・福祉相談など、自治体の住民支援サービスの担い手の実情だ。その多くは、声を上げると次の契約を打ち切られ、雇い止めに遭うことを恐れる一年有期の公務員「会計年度任用職員」に担われている。その四人に三人以上は女性だ。

二〇二一年六月、広島県の自治体で「会計年度任用職員」としてＤＶ相談にあたっていた藍野美佳は、五三歳で退職した。一〇年ほど前、夫からＤＶ被害に遭って離婚、シングルマザーとなった。自治体職員は安定し、恵まれた働き方と思われがちだが、ＤＶ相談員はみな、短期契約で低賃金の非常勤だった。

ＤＶ被害者の支援にあたっては、ＤＶ防止法、生活保護法、男女雇用機会均等法など多角的な法的知識や支援の専門知識が必要だ。生命の危険にさらされる被害女性たちからは昼夜問わず夜中でもＳＯＳが入り、加害者の脅しにも直面する。四六時中気の抜けない重責にもかかわらず、非常勤の年収は手取り二〇〇万円程度だった。

子育てしながらの生活費にはとても足りず、夕方から深夜までファミリーレストランで働き、他の女性相談機関でもアルバイトするダブルワーク、トリプルワークの日々が続いた。それでもその仕事をやめなかったのは、自らのつらい経験を他の被害者のために役立てたいという強い思いがあったからだ。だが二〇年四月、事態はさらに悪化した。「会計年度任用職員」制度が導入されたからだ。

「財政削減」は、公務員の分野でも短期契約で低賃金の非正規を増やし続け、二〇年四月時点で警察や消防、教育部門などを除いた自治体の「一般行政部門」で非正規は四割を超えている。こうした働き方に「官製ワーキングプア」との批判も高まっている。「官製ワーキングプア」とは、「官が生み出した、働いても貧困から脱出できない人々」という意味の造語で、二〇〇六年、新聞記者だった私が記事の中で初めて使用した。

これらの批判に対応し「非正規の位置づけを法律で明確にし、待遇を改善する」として生まれたのが、一年有期の「会計年度任用職員」だった。つまりは、不安定な有期雇用の法定化・

合法化だ。とはいえ、正規職員と同じ労働時間の「フルタイム会計年度任用職員」になれば、正規と同じように給与や退職金が認められるから改善と言える、と政府は説明した。だが、ここにもトリックがある。五分でも一〇分でも労働時間が少ないと「パート」に仕分けされ、基本的には従来どおりの低待遇で退職金も支給されない(上林陽治『非正規公務員のリアル』など参照)。つまり、パートを増やせば人件費を抑えられる仕組みだ。

その結果、ふたを開けてみると、「パート」は「会計年度任用職員」の八八・八%(総務省調査、二〇二〇年四月一日現在)にものぼった。また、「制度導入前より報酬水準が減額された職種がある」と回答したのは都道府県で五三・二%に達している。

藍野も、一日七時間労働の「パート」となり、月給制から時給制に変わったため、五月の連休など休みの多い月は大幅な減収になった。名目的な労働時間は減っても仕事量は変わらない。残業は恒常化し、請求回数の多さに気が引けて残業代を申請できず、タダ働きも増えた。手取りは年一四〇万円程度に落ち込んだ。

そんな時、コロナの感染拡大が始まった。バイト先の外食店の仕事もなくなり、副収入が入らなくなった。感染への不安や生活苦から、暴言や執拗な苦情をぶつける住民も増えた。同僚の「会計年度任用職員」たちは、「住民からの電話を取るのが怖くて手が震える」と言い始めた。DV対応支援での緊張感に、こうした心労が加わり、睡眠薬がないと眠れない日々が続いた。疲労から仕事で移動中に車の運転ミスを起こし、あわや大ケガという自損事故を起こした。もう体力が続かない、と思い始めた時、東京の困窮者支援団体から女性支援を担当してほしいという誘いが来た。子どもが独立した時期でもあり、その誘いに倒れ込むようにして、藍野は郷里を出た。

「会計年度任用職員」たちによれば、制度の導入後、専門性の高い職種を中心に、藍野のようにやめていく女性たちは後を絶たないという。背景には、先に述べた「一年有期の法定化・合法化」から来る諦めと、「女性軽視」の二重の壁がある。

公務サービスは住民の基本的人権に関わるものが多いため安定したサービスの提供が求められ、恒常的な仕事は常勤職員が行うことが原則と言われてきた。にもかかわらず恒常的な職務に就く非正規をここまで円滑に増やせたのは、「女性は夫の扶養があるから安定雇用は必要ない」という社会の意識があったからだ。

二〇二一年度末に再任用を拒否され、奈良県の人事委員会に不服申し立てをした「会計年度任用職員」の女性は、上司から「世帯主でないから退職してもらう」と面と向かって言い渡されている。「夫の扶養」を前提に低待遇で雇い、雇用を打ち切る時も「夫の扶養」が理由にされる。そんな、真綿で首を絞めるような社会の圧力が、女性たちの沈黙を生む。

相談支援など最前線の仕事は、コロナ禍でも休めない住民の命綱だ。だが、これらの仕事のほとんどが非正規職員に担われてきた結果、現場を知らない正規職員も増えている。そのために、決定権を持つ正規職員や管理職は現場を知らないことも多く、改善を訴えても理解してもらえない、とこうした業務にあたる非正規たちは言う。声を上げると、「一年有期」を理由に契約を打ち切られて仕事を失うことも少なくない。

「マタハラの制度化」効果

「一年有期」の法定化という「沈黙の仕掛け」は、「マタハラ（マタニティ・ハラスメント）の制度化」と言える状況も強めた。二〇年度末には、神奈川県庁で一〇年間福祉関係の専門職として働いてきた会計年度任用職員の女性が、五月初旬の出産を間近に控え、「コロナの感染拡大による業務量の減少」を理由に、三月末の雇い止めを通告された。三月末から産前休暇に入り、産休・育休を取得して職場復帰できるはずが、「一年有期」に阻まれた形だ（「神奈川県の非正規公務員に対する「マタハラ」雇止め問題」）。

同じころ、東海地方の公立学校で働いていた看護師の会計年度任用職員が、出産を前に雇い止めを通告されたという報が入った。学校に取材を申し入れると、翌日、雇い止めは一転、撤回された。一年有期の法定化が招いた安易なクビとしか思えない対応だった。

相次ぐ非正規女性たちの訴えに、二一年五月、「公務非正規女性全国ネットワーク」(はむねっと)が結成され、創設には私も関わった。藍野もここに参加したが、二三年、当事者女性たちがより話しやすい場所づくりを目指してハローワークの非正規職員、山岸薫と「集まれ! 非正規公務員カフェ」というラインによる語り場を立ち上げ、「非正規公務員voices」という新しい女性非正規公務員のネットワークに発展させた。

「はむねっと」が二〇二一年七月に発表したオンライン緊急アンケート結果では、一二五二件の有効回答のうち、年収二〇〇万円未満が五割を超え、勤続年数も三年未満が四割を占める不安定ぶりが明らかになった。そんななかで四五・八%がメンタル不調を訴え、九三・五%が将来への不安を感じると回答。「契約の更新期が近づくと仕事がつながるかどうかの不安でメンタル不調が激しくなる」という声もあった。

しかし、同年七月から総務省が全地方自治体を対象に実施した初のメンタルヘルス調査で、非正規公務員は対象から事実上外された。非正規も加えることを求めた「はむねっと」の要望書に、総務省は、今回の調査は「自治体の事務負担を考慮し、まずは首長部局の正規職員を対象としたもの」であるとし、再度行う時は改めて検討すると文書で回答している。

こうした排除とともに、同年末には、非正規のボーナスを正規並みに削減する自治体も相次いだ。コロナ禍による民間の引き下げに合わせ、人事院が国家公務員のボーナスについて〇・一五か月分の引き下げを勧告したことに合わせた措置だった。低賃金で期末手当の実額が少ない非正規にとって、引き下げの打撃は大きく、正規との格差はさらに広がる形となった。女性の多い職場の低賃金化を公的機関が先導する、という「ジェンダー平等小国」ならではの姿がそこにある。

二〇二二年九月一六日の閣議に報告された二〇二二年版『厚生労働白書』は、高齢者数がほぼピークとなる二〇四〇年、医療や介護などの就業者は約一〇〇万人不足し、人材確保が「社会保障における最重要課題の一つ」(同白書概要版)とも指摘している。コロナ禍は、その中核的存在である女性たちが「ケアの軽視」という仕掛けによって沈黙させられ、労働の質を劣化させられていく現実を改めて浮かび上がらせた。それはやがて、ケアの質の劣化として住民にも返ってくる。

第3章

「自由な働き方」という仕掛け

二〇二一年一一月、新型コロナウイルス感染症対策本部が行動制限の緩和を決め、職場はようやく動き始めた。二一年の平均就業者数も、男性が前年より一三万人減、コロナ禍直前の一九年より三三万人もの減少となる一方、女性は前年より一六万人増え、対一九年比でも三万人減の水準にまで回復、「女性不況」は記憶のかなたに追いやられつつあった。だが、こうした「女性の急速な雇用回復」の裏側には、雇用に戻らなければ生存できない女性たちの窮迫もあった。特に打撃が大きかったのが、「自由な働き方」ともてはやされ、「公的セーフティネットから外されても大丈夫な働き手」とされて休むことが難しい状況に置かれた女性たちだ。

1 キャバクラの女性たちの「雇用回復」

「夜の街」の女性が労働実態アンケート

二〇二二年一〇月、キャバクラで働く女性たちによる労組「キャバ&アルバイトユニオンOWLs《オウルズ》」で、同業の女性たちの労働実態を聞くアンケートづくりが始まった。owlは英語で「フクロウ」のこと。事務所を設けた東京・池袋の「ふくろ」と、夜の街で働く夜行性の生き物、の意味を合わせて名付けられた。

コロナ禍が急拡大していた二〇年三月三〇日、小池百合子都知事が会見で、夜間・早朝のバーや接客を伴う飲食店などについて「こうした場への出入りを控えていただくようにお願いしたい」と述べ、以降の会見でも「夜の街関係者らの感染が目立っている」とたびたび言及してきた。「昼の街との分断」(東京新聞デジタル、二〇二〇年七月二〇日付)、とも呼ばれたこれらの発言のなか、休業に追い込まれる店が相次いだ。

コロナ禍で収入が激減した人々への支援策として設けられた「持続化給付金」「家賃支援給付金」も、性風俗店などの「性風俗関連特殊営業」の届け出をしている事業者は給付の対象外とされ、同年九月、事業者が「職業差別であり、法の下の平等を定めた憲法に違反する」として国を提訴した。だが、二二年六月、「限られた財源で行われる公的な給付金の制度設計は行政の裁量に委ねられている。客から対価を得て性的好奇心を満たすようなサービスを提供するという性風俗業の特徴は、大多数の国民の道徳意識に反するもので、異なる取り扱いをすることには合理的な根拠がある」(岡田幸人裁判長)とする東京地裁判決が出て原告は敗訴、控訴した。

キャバクラで働く女性たちはこれらの給付金の対象内だったが、長引く休業に、一〇〇万円の持続化給付金ではいつまで生活がもつかわからなかった。「「夜の街」の女性たちは、なんでもいいから仕事を探して働くしかなかった。水商売であろうとなかろうと、身一つで働く者は、雇用のセーフティネットなしではやっていけないことを痛感させられた」と、「ＯＷＬｓ」代表の田中みちこは当時を振り返る。働き手として最低限のセーフティネットを求める要望書を行政に出そう、そのためにはキャバクラの女性たちの労働実態を裏付けるデータが必要だ。そんな思いが、アンケートづくりの背中を押した。

政府の除外が招いた風俗女性バッシング

二〇二〇年三月三一日、「ＯＷＬｓ」の組合員で三九歳のナナコが働く東京都内のキャバクラは、前日の都知事の「夜の街」での感染拡大と利用自粛を求める会見を受け、閉店した。「自粛」に伴う経済的補償は具体的には打ち出されないまま、四月七日、東京、神奈川、埼玉、千葉、大阪、兵庫、福岡の七都府県に緊急事態宣言が出され、一六日に全国に拡大された。

厚労省は、政府の雇調金を生かして休業手当でしのいでほしいと呼びかけていた。ナナコは、時給によるシフト制で働いてきた。勤務時間を指定するタイムカードもあり、実態は、店に労働時間を管理されて働く「被雇用者」だ。だが、店は雇調金を申請してくれなかった。対外的には、「個人事業者」扱いだったからだ。個人事業者は、「自営業」として雇用セーフティネットの傘の外に置かれ、自己責任の「自由な働き方」とされる。

この業界では、店の売り上げを支える女性従業員については個人事業者扱いが増え続け、大半を占める。一方、「黒服」と呼ばれる男性従業員は「雇用されている社員」とされ、ほとんどが雇用保険にも入っている。

ナナコの周囲でも、こうした男性たちにはコロナ禍の休業に対応するためとして休業助成金が申請され、休業手当が出ていた。知人のキャバクラ女性が、「なぜ女性には申請してくれないのか」と店長に聞くと、「オトコは家族がいるから」と言われた。

第1章で触れたように、三月からの一斉休校措置で子どもが登校できなくなった家庭の保護者などに有給休暇を保障した企業には「休校等助成金・支援金」が設けられた。ところが、「接待飲食業」や性風俗業界で働く母たちは当初、ここからも除外されていた。この助成金の要件では、「暴力団員」や「暴力主義的破壊活動を行った団体に所属する人」などと並び、「性風俗業」や「接待を伴う飲食業」の関係者も対象外とされていたからだ。

厚労省は「風営法上の許可を得ている事業者であっても、公金を使って助成するのはふさわしくないと判断した」(『毎日新聞』二〇二〇年四月三日付)と述べ、加藤勝信厚労相も、四月三日の記者会見では「取り扱いを変える考えはない」と突っぱねた。

この業界には、休校に伴う助成金・支援金が不可欠なひとり親女性も多く働いている。「職業差別ではないのか」との批判が高まり、同月六日、当時の菅義偉官房長官は衆議院決算行政監視委員会で「(助成金の支給)要領について見直したい」という答弁に追い込まれる。加藤厚労相も翌日の記者会見で、風俗業にも適用すると表明し、除外措置は撤回された。

だが、政府の除外表明を機に、SNSなどでは「水商売女性たたき」が強まっていた。

二〇二〇年四月三日には、落語家の立川志らくが「真っ先に補償すべきは、なくては困る商売。職業に貴賤なしではあるが非常事態における優先順位は当然出てくる」とツイートした。五日放送の「ワイドナショー」(フジテレビ)では、タレントの松本人志が、「水商売のホステスさんが仕事休んだからといって、普段のホステスさんがもらっている給料を、われわれの税金で、俺はごめん、払いたくはないわ」と発言している。

だが、休業補償の目的は感染防止だったはずだ。休業を維持できる支えがなければ人は働きに出ざるを得ず、感染は広がる。政府がこうした本来の目的を置き忘れ、「支給しなくてもいい人たち」という扱いをした。その結果、本来の目的を外れた「ずるい」論が解き放たれ、「お酒を飲んで座っているだけの女性になぜ補償するのか」といった嫌がらせのバルブが開いた。

キャバクラで働く女性たちの労組「キャバクラユニオン」の布施えり子・委員長は、その結果、「何を言われるかわからない」とそれ以外の給付金の申請までしり込みし、表向きは休業としつつこっそり店を開いているヤミ営業の店を必死で探して働きに出る女性たちが相次いだ、と当時、語っている。

「華やかさ」と「自由」が隠す窮迫

このようなバッシングの背景には、メディアが振りまいてきた「キャバクラは、雇われずに自由に働く高給女性の華やかな職場」のイメージがある。たとえば、ナナコたちが追い詰められていたコロナ禍のさなか、ネットには、「年収一億円超え人気キャバ嬢に密着」(「東京トレンドニュース」二〇二〇年一二月一日付)という見出しの記事が掲載されている。中身を読むと、本業の収入はコロナ禍で激減したものの、水着モデルの副業で数千万円稼げているという記事なのだが、こうしてキャバクラ勤めは腕一本で多額の収入を得られるというイメージが出回り、自由に仕事を選んで収入を増やせるのだから補償など求めるのはおかしいという印象が作り出されていく。「自由な働き方」という呼び名の罠がそこにある。

ナナコの周囲を見ても、圧倒的多数は月収二〇万円程度の女性だ。時給三〇〇〇円は、アルバイトなどの賃金から見れば高めに見えるかもしれない。だが、仕事の性質から毎夜四時間程度しか働けないケースは珍しくない。これでは週五日働いても月二四万円だ。ここから毎月一〇〜一五％が「税金」「福利厚生費」の名目で店から天引きされる。加えて毎日、「ヘアメーク代」として一〇〇〇円、深夜の自宅送りの車の経費として二〇〇〇円といった額が店に還流されていく。衣装代やチョコレートなどの客を引き寄せるためのプレゼント代も自前だ。勤め人なら、会社が営業のため経費として支出してもおかしくない。ちなみに、住友生命の外交員が営業先に配る物品代の自己負担は違法として会社に支払いを求めた訴訟では、二三年一月、京都地裁で、自由な意志による合意があれば自己負担は違法とは言えないとし、合意が必要とする判決も出ている。「これで家賃と食費を払ったら貯金なんかできない」とナナコは言う。

アルコール分がないビールは「アルコールフリー」と呼ばれる。自由(フリー)な働き方は「労働者保護フリー」の働き方でもあるのだ。

そんななかで、コロナ禍による休業が始まり、ナナコの収入は四月分からゼロになった。もともと少ない貯蓄が底をつき、「これはヤバい」と思い始めた。ネットで検索し、個人事業者扱いでも利用できる社会福祉協議会の緊急小口資金や、三か月間受けられる総合支援資金を借りた。だが、五万円の家賃を払うとそれでも足りず、収入が激減した自営業者を対象にした「持続化給付金」も申請した。

「正社員たちを中心に支給される休業手当は定期的なものなので、ある程度、生活の見通しもきく。だが、水商売の女性たちは、非正規なのか個人事業者扱いなのかもあいまいな不安定就労が多い。次はいつ来るかわからない支援金頼みの不安のなかで、精神的に追い詰められていった」とナナコは言う。二〇二〇年の女性の自殺者数は、働く女性を中心に一九年までの過去五年間の平均に比べ一五％増え、一一年ぶりの自殺者増加の押し上げ役となった。それは、多くの女性たちの雇用セーフティネットの不安定さと関係している、というのだ。

とにかく仕事を探さなければ生きていけない。ナナコも乏しい貯蓄から交通費をひねり出し、求人情報を頼りに飲食店などを一〇軒以上回った。どこもコロナ禍による経営の縮小で採用されず、一二月前半になってようやく「ブラック企業大賞」の候補にも名前が挙がった飲食店に、時給一二〇〇円、社会保険に加入できない週二〇時間未満の条件で採用された。

同僚の女性に「この店、休業手当は出るの？」と聞くと「出ないでしょ」とあっさり言われた。最初は正社員、次が、会社が社会保険に入れる程度のシフトで雇っているパート、それ以外の働き手は最後の最後にならないと休業手当は来ないというのだ。この店で正午から午後七時以内で週三日働き、ようやく開き始めたキャバクラ店で、客がいる時だけ午後八時ごろから四時間程度働くという、かけもち就労でしのいだ。

だが、やがて飲食店の店長から、「閉店まで働けない人は使い勝手が悪いからシフトに入れない」と言われ、シフトが入らなくなった。そして、三か月間の契約期限の更新が近づいたころ、いきなり「ロッカーを空けてほしい」と言われた。「え? 私、辞めたんだ」と驚いた。

そのころ、労働基準法に沿った労務管理をしている「ホワイト」なうどん屋が求人情報で見つかり、なんとか転職できた。だが、ここでも時給は最低賃金水準だった。残り少ない持続化給付金を食い延ばす形で生活費の不足を埋め合わせながら暮らした。

2 脆弱雇用ほど手薄な支え

「個人事業者」扱いの罠

二〇二一年二月、労働政策研究・研修機構の周燕飛主任研究員(現日本女子大学教授)は「JILPTリサーチアイ 第五五回 コロナショックの被害は女性に集中(続編II)――雇用持ち直しをめぐる新たな動き」で、二〇年四月の緊急事態宣言で大きく落ち込んだ女性の雇用の急回復を指摘した。図3-1のように、女性は労働時間も賃金も、同年五月以降、男性をしのぐほどのピッチで急回復し、同年一一月には、ほぼコロナ禍前の水準に戻っている。この「回復期」は、給付金も尽きかけたナナコらが、どんな雇用にでも飛びついて乗り切った時期ともほぼ重なっている。

周りを見ても「女性の雇用回復」の実感はない、と「OWLs」の田中代表は言う。第2章

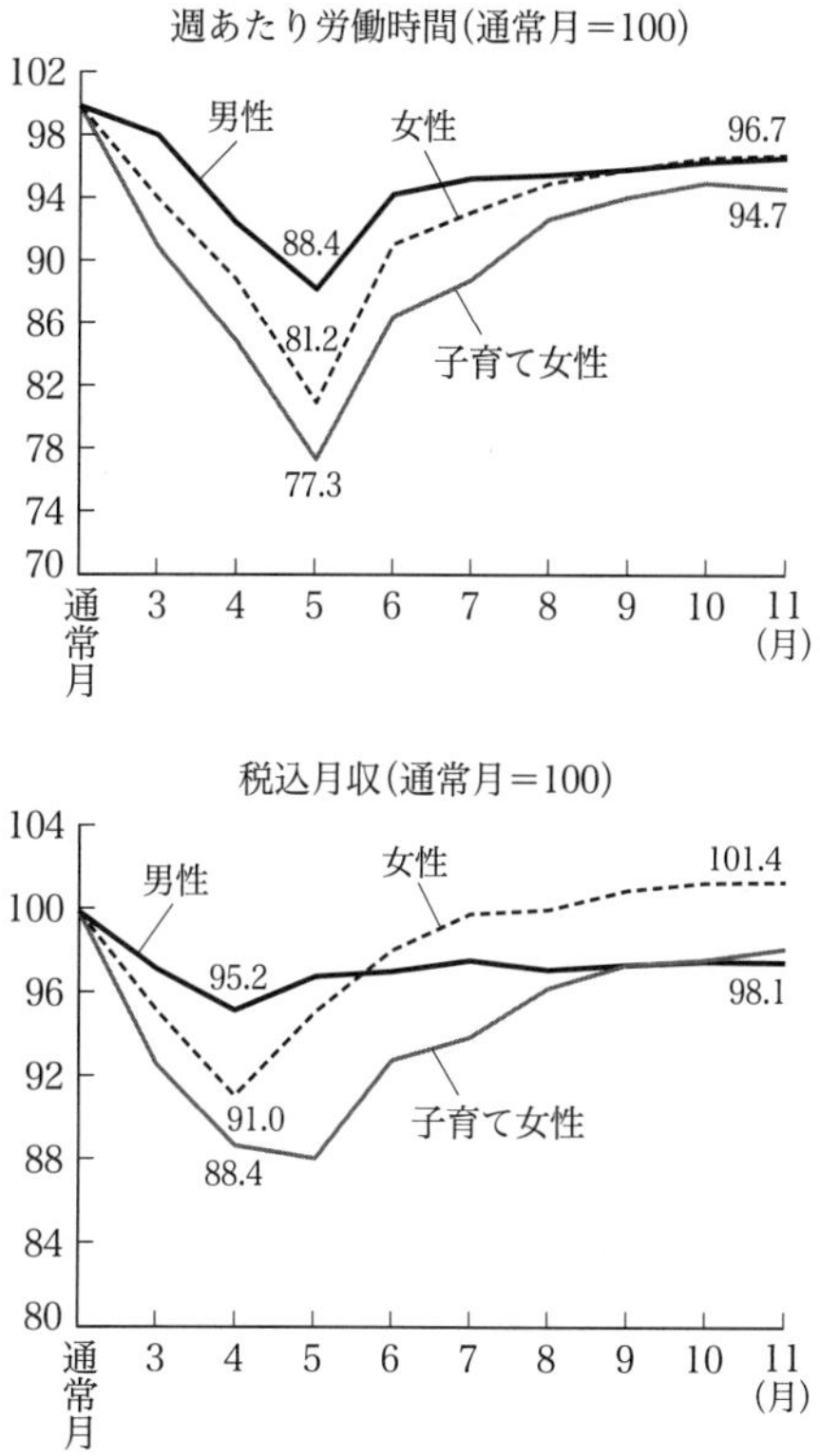

(出所) 周燕飛「JILPT リサーチアイ 第55回 コロナショックの被害は女性に集中(続編Ⅱ)――雇用持ち直しをめぐる新たな動き」をもとに筆者作成.

図3-1　コロナショック前後の労働時間および賃金の推移(2020年)

でも触れた中尾光恵や町田ひろみらのような保育現場の突貫的踏ん張りが、職場に戻る女性を支えたという面はもちろんあっただろう。だが、「回復の早さ」は、非正規や個人事業者扱いによって休業手当などの支援が不十分で、その場しのぎのコマ切れ雇用をかけもちしてでも賃金を「回復」しなければ生活できなかった女性たちによっても促されていた、というのが田中の見方だ。

二〇代のカズヨは、そうした、個人事業者なのか雇用なのかわからない扱いに疑問を抱き、「ＯＷＬｓ」の支援で勤め先の埼玉県のキャバクラ店を訴え、二一年七月、勝利的和解を勝ち取っている。

二〇一九年、それまで勤めていた店を退職することにしたカズヨは、未払い残業代やトイレットペーパーなどの費用として天引きされてきた「厚生費」などの返還を店側に求めた。

店側は個人事業者と業務委託契約しただけだから残業代は発生しない、と拒否を続けた。だが、裁判では、労働時間を管理していることなどから「労働者」としての側面が強いとされ、残業代、厚生費のほか、客が来ない日に早帰りさせた分の時給について未払い賃金として返還させることで和解が成立した。

そんな個人事業者扱いは、転職した次の店でも起き、二〇年からのコロナ禍の下、むき出しの不利益に転化した。最初の緊急事態宣言で収入はゼロになり、店は、「個人事業者だから」と休業手当を申請してくれなかった。生活費が途絶え、カズヨは、なじみの顧客から電話がある時だけ開く形で深夜もヤミ営業している店を捜し出し、働いた。この方式では、顧客がついている女性でないと客が来ない。そのため、新規入職の女性は退職に追い込まれていった。

「ＯＷＬｓ」の組合員の一人で、三〇代のミサキのように、「雇用保険に入れば週二〇時間以上働ける」と店長に言われて保険に加入し、これに基づいて、店が雇調金を申請した例もある。ところが、毎月の給料明細書の総収入の欄には三二万円とあるのに、手渡されたのは月一〇万円程度だった。助成金の詐取ではないのかと、ミサキは組合を通じて労使交渉に入った。

会社は「従業員を助けるため、自営扱いから雇用に切り替えて助成金を申請しただけで、助成金を詐取するために保険に加入させたわけではない」「手渡された分との差額は社会保険労務士への手数料」と抗弁した。労働基準監督署に交渉の模様の録音を持ち込み、指導を求めた。だが監督官は「会社の言い分を覆す証拠の確保が難しい」と、調査を打ち切った。「証拠の確保が難しいなら立ち入り調査で証拠を確保するくらいの努力はしてほしい。放置すれば弱い立場の水商売女性への助成金詐取は野放しになりかねない」とミサキらは抗議したが、取り合ってもらえなかった。

ミサキは契約社員として、コロナ禍前から大手エンターテインメント企業で働き続け、支店の開設業務や派遣社員への教育訓練、トラブル処理など副店長級の業務を引き受けていた。それでも時給は最低賃金をやや上回る程度で、急なシフト減らしで生活費が足りなくなると、キャバクラの賃金で支えてきた。その挙句の仕打ちだった。

日本の労働基準監督官は労働者一万人あたり〇・六二人(二〇一六年度)と、米国を除く主要先進国では最も少ない(二〇一七年三月、厚生労働省の資料「労働基準監督行政について」)。手が足りないなかで、経営が不透明で指導がしにくいキャバクラ業界などの労使紛争は後回しにされがちという声も聞く。

このような、脆弱雇用であるほど公的保護が届きにくいという矛盾した政策は、失業手当にも表れている。日本弁護士連合会は二三年二月、生活保障制度の不十分さがコロナ禍で改めて露呈したとし、「雇用保険の抜本的な拡充を求める意見書」を発表した。ここでは、日本の失業者のうち失業手当を受給する人の割合は二割程度と、経済協力開発機構(OECD)加盟国三五か国中三一位(二〇一四〜一五年調査)の低さとされ、原因として、政府が受給要件を厳格化するなかで不安定な短期雇用者が受給しにくい仕組みが作られ、多くの働き手が失業手当の外にはじかれている実態が指摘されている。

こうした構造が正されないまま、「自由な働き方なんだから自己責任」「そのうち景気がよくなれば収入も持ち直す」が繰り返され、脆弱雇用で働く比率が高い女性たちを中心に犠牲者は増え続けていく。

渋谷ホームレス殺人事件への道

序章でも触れた「渋谷ホームレス殺人事件」は、そんな脆弱雇用者ほど手薄な日本のセーフティネットの問題点を浮き彫りにした。

コロナ禍が広がる二〇年一一月一六日、路上生活していた大林三佐子は、寝泊まりしていた渋谷区幡ヶ谷のバス停で、通りがかりの男性に石を詰めたペットボトルで頭を殴られ、死亡した。六四歳だった。事件はメディアで広く報じられ、同年一二月六日には、「大林さんは私だ」といったプラカードを掲げた女性たちが、「自助」を強調する当時の菅義偉首相の政策に対し、抗議・追悼デモを行った。

二〇二一年四月三〇日付のネット記事「ＮＨＫ事件記者取材ｎｏｔｅ」によると、大林は広島県の短期大学を卒業してアナウンサーを志し、一九七〇年代には劇団に所属、二七歳で結婚後、夫と上京し、ほどなく離婚した。その後、コンピューター関係などさまざまな仕事で働き、亡くなる前はスーパーの試食販売などの一時的な仕事によって生活を支えていた。だが、収入が不定期なため家賃を払えなくなり、路上生活に移行。コロナ禍でその不定期な仕事も激減し、亡くなった時の所持金は八円だったとされている。

演劇という「自由な働き方」は自己責任を求められる「個人事業者」だ。その後の人生を見ても、「夫セーフティネット」を前提に公的保障がない結婚生活、勤め先(派遣先企業)の雇用責任がほとんど問われない派遣社員、その結果としての無年金の晩年を、こま切れ雇用の試食販売など日々雇用でつなぐ、といった「公的支えなし」の働き方の連鎖がうかがえる。

最後のセーフティネットとされる生活保護も、日本の仕組みでは、申請窓口で親族に扶養できるかどうかを照会する手続きが求められることが多く、申請を渋る人は少なくない。大林の場合も、報道などからは親族に迷惑をかけたくないと生活保護申請を控え、とにかく自力で働き続けようとした形跡が見られる。そこを、コロナによるコマ切れ雇用の激減が襲い、路上化したところを「邪魔だった。痛い思いをさせればいなくなると思った」(警察への供述)とする当時四六歳の男性に、殴殺される。

「自由な働き方」と「夫セーフティネット」という二つの神話が女性への公的セーフティネ

ットの不備を覆い隠し、生涯にわたって働き続けてきた大林のような女性の無保障状態を生み出す。しかも、日本社会では低所得者が利用できる公的住宅が少ない。「持ち家がある夫」への依存を前提とするかのような政策のなかで、非正規単身女性の住宅事情はとりわけ厳しい。

コロナ禍では反貧困団体などの働きかけが実り、ようやく「住居確保給付金」という家賃補助制度の対象が拡大された。だが、生活保護の申請さえためらっていたと思われる大林がそうした情報を得ることは、簡単ではなかったはずだ。路上生活する女性が「一部の特殊な人」ではなく、一般の女性と地続きの存在であることを、この事件は改めて見せつけた。

3 フリーランスを素通りした育児支援

個人申請の休校補償にも壁

「個人事業者」扱いのキャバクラ女性や、大林が志した演劇人などは「フリーランス」に当たる。政府の「フリーランスとして安心して働ける環境を整備するためのガイドライン」(二〇二一年三月二六日)で、「実店舗がなく、雇人もいない自営業主や一人社長であって、自身の経験や知識、スキルを活用して収入を得る者」と定義されている働き方だ。

フリーランスは第二次安倍政権の「働き方改革」で推奨されてきた。だが、コロナ禍では、仕事の発注が途絶えても「自営であって労働者ではない」として、生活を支える仕組みがきわめて乏しいことが露わになった。コロナ禍は、そんな経済面での自己責任規範に加え、女性を直撃するもうひとつの自己責任規範を浮かび上がらせた。「フリーランスの育児やセクハラ被害は個人の問題」という規範だ。

二〇二二年四月。三〇代のシングルマザーで、フリーランスとして演劇関係の裏方の仕事を手掛けてきたチナツは、個人が休校の際の補償を申請できる「新型コロナウイルス感染症対応休業給付金」の利用を諦めかけていた。フリーランスの就業実態に合わない証明書ばかりが求められ、近いと思われるものを何とかようやく集めて送ったら、要件に合わないとして差し戻されてきた。しかも、多くのフリーランスには存在しないような書類を、追加して送るよう求められたからだ。

演劇、ライター、ヨガなどのインストラクター、演芸、音楽家といった仕事は、フリーランスで働く人が多い。二〇二〇年三月のコロナ禍の第1波のなかで対面制限が始まり、これらの分野の仕事は、ほぼ停止状態になった。一斉休校措置で働けなくなった親のために創設された「休校等助成金」からも、フリーランスは「自営業だから」と除外された。追い詰められたフリーランスたちが結束し、関係業界団体や関係労組を通じて政府に働きかけ、フリーランスが個人として申請できる制度としても、先の「給付金」が設けられた。

「雇用者の半額」という格差に疑問の声も上がったが、こうして登場した支援金は、小学生の子どもを抱えるチナツには貴重な命綱に思えた。第一次緊急事態宣言が出た二〇年四月から五月にかけ、チナツが関わるはずだったプロジェクトは感染防止のため立ち消えになり、以後、収入が途絶える期間が増えて貯蓄を取り崩す日々が続いたからだ。

だが、この時点では申請せずに終わった。まず、「業務委託契約等の締結日は学校休業等の開始日よりも前の日でなくてはいけない」とされたルールが壁になった。

口約束が多い業界で、契約書を交わさない仕事も多い。一か月や二週間程度の助っ人的な業務応援もあるが、こうした依頼は、休校の最中に急に来ることも多く、子どもの休校で断わらざるを得ない。「休校前の契約」という条件には合わないと思った。

第2波以降は仕事が戻り始めたものの、二〇二二年の第6波ではそれまでにない急激な感染拡大が始まり、感染者は初めて一〇万人を突破した。子どもの感染の急増に、チナツもついに、この制度を利用しようと決意した。だが、先述のように、書類を差し戻されたばかりか、「業務遂行予定日がわかるシフト表」や「三か月分の報酬の明細」「発注者が業務の取りやめを承諾したことが確認できる書類」が追加請求された。

フリーランスは取引先の電話一本で拘束期間が決まる働き方が多い。「シフト表」などは見たことがなかった。「三か月分」と言われても、報酬はプロジェクト単位で一括払いの場合もあり、入金が毎月あるとは限らない。売り上げ台帳なら出せるが、これも要件に合わないと突き返されるかもしれない。業務取りやめも電話一本の通告が多く、仕事を発注してもらう立場である関係から取引先に面倒な書類を要求することは気が引けた。

また、書類が届いたかどうかを追跡できるよう、郵送費が高い書留などで送らなければならない。支給額は雇用者の半分にすぎないのに、その費用まで自分持ちでは、申請が受け入れられたとしても手元に残る額はわずかだ。

役に立ったのは、複雑な書類なしで個人事業者に対し上限一〇〇万円まで支給された持続化給付金だった。だが、これは不定期で次にいつ来るかわからず、長引くコロナ減収を支え切れない。「母親支援にはほど遠い。フリーは自力で踏ん張るしかないのか」とチナツは言う。

自由を選んだら無保障は我慢?

このような訴えに、会社員からは「やりたい仕事で自由に働けるんだから、不安定なのはしょうがない」という反発がしばしば起きる。NPO法人「映画業界で働く女性を守る会」を立ち上げたフリーランスのSAORIは、そうした言説をSNS上で何度も見てきた。

だが映画業界で働くフリーランスは、「やりたい仕事で自由に働く人」というより、「複数の会社をまたぎ、不定期な労働時間で働くことを求められるような業界で働く人」にすぎない。身一つで働き、会社の指示に逆らうわけにはいかない点では会社員と変わらない労働者だ。だが、会社員のような長時間労働を防ぐ規制はなく、求められれば三六五日二四時間でも働き続ける。手当も込みの固定給制度が多いため、労働時間で割ると最低賃金を下回ることもある。

そんな「究極の自己責任」の世界では、表3-1のように、産休手当や育休手当をはじめとする働く女性のための保護もほとんどなかった。その結果、業界では出産を機にやめる女性も多く、技能のあるベテラン女性が育ちにくい。「NPOを立ち上げたのは、女性のフリーランスが働き続けられる労働環境をつくりたかったから。それは女性以外の人にも持続可能な働き方を実現させることにもつながる」とSAORIは言う。

労働時間規制などの生活や健康を守るルール、仕事を失った時の最低限の支えは、どんな働き手にも必要なはずだ。それが、フリーランスの働き方に見合う形では整備されてこなかった。一斉休校に伴う補償制度の要件が実態に合わないのも、根底に、そのような「すべての働き手

表 3-1　雇用労働者とフリーランスのセーフティネット比較

（フリーランス新法以前）

法制度	雇用	フリーランス
就業条件（契約条件）の明示	○	△
解雇・雇い止め（契約打ち切り）への規制	○	×
休業手当（会社の都合で休業した時の所得補償）	○	×
労災保険の休業補償など（仕事上でケガや病気になった時）	○	× （*）
健康保険などの傷病手当金（私傷病で休んだ時の所得補償）	○	×
雇用保険の失業給付（失業した時・仕事を探す間の所得補償など）	○	×
労働安全配慮義務（働き手が安全に働けるよう使用者が配慮する義務）	○	△
妊婦への職場の配慮義務（妊婦が休みやすい環境の整備）	○	×
母性保護（産前産後休業，危険有害業務の就業制限など），出産手当金	○	×
育児休業制度，介護休業制度（育児休業給付金，介護休業給付金を含む）	○	×
子の看護休暇	○	×
ハラスメント防止措置	○	△
未払賃金立替払制度（企業倒産時の未払賃金の国による立替払）	○	×
労働組合結成・活動	○	○

（*）近年では労災保険の特別加入制度の適用範囲が広げられているが，保険料が就業者負担であること，任意加入であることなど課題が大きい．

（出所）杉村和美 2022 年 9 月 11 日過労死防止学会発表資料より．

を守る」という発想がないからではないのか。

しかも、女性の場合にはここに「家計補助論の壁」が加わる。わかりやすい例が、休校に伴う補償が雇用者の半額とされた時のフリーランス協会の見解だ。ここでは「休校理由でお仕事を休業している方の大半が女性であり、家計の担い手ではない」などの実態から「総合的に勘案すればフルタイムの会社員と同等の休業補償はtoo much」(「フリーランス協会」ブログ、二〇二〇年三月一七日付)と、半額もやむなしとも読める記述がある。

そんな公助の不足は、ハラスメント防止策の弱さにもつながる。一九年、日本マスコミ文化情報労組会議フリーランス連絡会や日本俳優連合、フリーランス協会などが行ったフリーランスへのハラスメント共同実態調査では、自由記述欄に「妊娠を告げたら仕事を切られ代行者を用意するよう言われた」(スポーツインストラクター)、「仕事をしたいなら妊娠するなと言われた」(プロデューサー)など、多数のマタハラが報告された。また、回答者の三割がセクハラ被害を訴え、なかにはレイプ被害もあった。

にもかかわらず、マタハラを規制する育児介護休業法などは労働者が対象であり、また二〇二〇年六月から施行されたハラスメント防止関連法によるセクハラの規制強化でも、フリーランスは「配慮が望ましい」という指針にとどまった。

仕事を口実に繰り返されたセクハラ行為

フリーランスのウェブライターで、二〇代のエイコの体験は、こうした「自己責任の束」の怖さを浮かび上がらせる。

国内初の新型コロナウイルス感染者が確認された二〇年一月、エイコは都内の心療内科に足を運んでいた。セクハラによる重い抑うつ状態に陥っていたからだ。

発端は前年の二〇一九年三月。自身のホームページの連絡先に、エステ会社の経営者という男性から、自社のPR記事を書いてほしいとの依頼が来た。やがて、ほかの仕事は断ってその会社の専属になり、ホームページ向けの執筆や閲読順位を上げる対策を担当してほしいと誘われた。その間、仕事を口実に体にさわるなどのセクハラ行為が繰り返された。

当初、男性は、エイコの仕事ぶりをほめていた。ところが、報酬の支払いを持ち出すと一転、「仕事の質が低い」などと叱責するようになり、以後二か月分の報酬は払われないまま同年一〇月、エイコは体調を崩し、契約は解除された。「専属で」と言われてほかの仕事を断ってしまったため、収入は途絶えた。「フリーランスでやっていくには男を手の平で転がせるようにならないと」とも打ち合わせのたびに男性に言われ、セクハラ行為などを外部に訴える気力は削がれていた。

親の家に同居していたため、仕事を打ち切られてからも住む場所はなんとかなった。だが、親の気持ちを思うとセクハラ被害に遭ったことは打ち明けられず、生活費は自前で出し続けた。そんななかで口座の残金は底をつき、生活費を引き落としていたカード会社からの催促が相次いだ。国民健康保険の保険料も払えなくなり、診療代への不安から病院に行けず、不眠などの抑うつ状態は悪化していった。

雇用者なら健康保険から傷病手当があるが、フリーランスなどが加入する国民健康保険には傷病手当が原則として、ない。コロナの感染拡大のなか、「労働者」である非正規雇用のコロナ感染をめぐっては自治体の傷病手当に国が財政支援する特例措置が取られたものの、「自営」とされるフリーランスは対象外で、フリーランスの状況に配慮した一部自治体だけが単独予算で傷病手当を支給した。

また、雇用されていれば、全額企業が負担する労災保険の適用を受けられる。二〇一〇年に派遣女性が起こした労災行政訴訟を契機に、セクハラによるうつなどの健康障害も労働災害と認定されるようになった。だが、フリーランスは原則、労災保険も対象外だった。

このままではだめになる、未払い報酬の回収くらいはできないか、とエイコは体を引きずるようにして行政の労働相談窓口に出かけた。ここでも、「フリーランスは自営扱いだから労基署や労働局による相談の対象外」と言われ、労組を紹介された。その支援で、なんとか会社に対して報酬の未払い分を請求し、二〇年一月の通院にもこぎつけることができた。

二〇二〇年七月、体調不良を押して取引先の会社と男性にセクハラ慰謝料と未払い報酬の支払いを求める訴えを東京地裁に起こしたエイコは、二二年二月の最終意見陳述でこう訴えた。

裁判官の皆様には、フリーランスがいまだに十分には法的に守られていないために「フリーランスに対しては何をしても大丈夫だろう」と思っている人がいること、私も含めて、そんな人達に搾取され傷ついているフリーランスが大勢いること、立場が弱い人に対し、性的な行為を受け入れないことへの報復として報酬未払いなどの「経済的嫌がらせ」が行われる実態があることをご理解いただき、どうか公正な判決を書いていただきたいです。

二〇二二年五月二五日、東京地裁はそんなエイコの訴えに、勝訴判決で応えた。「会社は下請けの社員や派遣社員など、直接雇用契約がなくても社内で働いている労働者の安全に、配慮する義務がある」としたこれまでの判例を、フリーランス女性のセクハラ被害にも広げた画期的な判決だった。

コロナ禍は、フリーランスの過酷さを浮かび上がらせた。批判のなかで、二一年九月からは建設関係の一人親方などに対する労災保険の「特別加入」の対象が、ウーバーイーツのような宅配を含む一部のフリーランスにも拡大された。特別加入の保険料は、「労働者」と異なり自費負担であるため、低収入のフリーランスから、加入は負担が重すぎるとの批判も出ている。とはいえ、「保障までフリー」の状態に、政府も何らかの手を打たざるを得なかった動きとして注目される。

二〇二一年一一月八日、岸田政権の「新しい資本主義実現会議」はようやく、「緊急提言」に「コロナ禍では、フリーランスの方々に大きな影響が生じている。フリーランスとして安心して働ける環境を整備するため、事業者がフリーランスと契約する際の、契約の明確化や禁止行為の明定など、フリーランス保護のための新法を早期に国会に提出する」という内容を盛り込み、二三年四月、「フリーランス新法」(特定受託事業者に係る取引の適正化等に関する法律)が成立した。

自身もフリーランスの編集者で、「出版ネッツ」(出版関連のユニオン、正式名称はユニオン出版ネットワーク）執行委員としてエイコの裁判を支えてきた杉村和美は判決が出た当時、「セクハラやマタハラの防止措置などは、どの雇用形態の女性にも必要。「緊急提言」にあるような自営業としての契約の明確化だけでなく、働き続けるためには最低限必要な保護措置を、フリーランスにも広げてほしい」と語った。コロナ禍の下で噴出した「自由な働き方」をめぐる女性たちの体験と異議申し立てが一つの束となって、「自由な働き方」に安心を求める動きが加速し始めている。

第4章

「労働移動」という仕掛け

コロナ禍による女性の雇用喪失を深刻にしたのは、政府が推奨してきた「企業間の労働移動による失業対策」だった。これは、失業したら別の企業に転職することで収入を確保する、というものだが、転職は経験や人脈がものを言う。その意味で、同じ業界内での転職は比較的ハードルが低く、頼みの綱だ。ところがコロナ禍では、飲食業界のような非正規女性が支える業界が丸ごと打撃を受け、業界内転職の道がほぼ閉ざされた。ここで浮上したのが、「成長分野」の他業界への労働移動を目指した「スキルアップ」政策だ。

1 就労支援の先の劣悪雇用

仕事探しの際の経済不安

二〇二二年六月に閣議決定された「経済財政運営と改革の基本方針2022」(以下、「骨太の方針2022」)には、「働く人が自らの意思でスキルアップし、デジタルなど成長分野へ移動できるよう強力に支援する」「人への投資や強力な就職支援を通じて円滑な労働移動を図り」といった文言が並ぶ。だが、「スキルアップ」「就職支援」「労働移動」という言葉が、むしろ、女性を取り巻く労働の歪みの是正を先送りする仕掛けとして機能しかねない現実が、コロナ禍では浮かび上がった。

西日本の地方都市に住む二〇代のチヅルは二〇一六年、高校を卒業後、アパレル企業の店舗で正社員の販売担当として働いてきた。だが、コロナの感染拡大による二〇年四月の緊急事態宣言で、店は休業となった。額面で月二〇万円程度の賃金だったチヅルに、休業手当は月八万円しか来なかった。休業手当は労働基準法で「休業前の平均賃金の六割」と規定されているが、実質四割程度しか支給されない仕組みだからだ。

一か月後に店は再開したものの、時短営業で賃金は月一二万円に落ちた。生活費が足りなくなり、転職先を求めて出向いたハローワークで、コロナの影響を受けやすい販売を避けて、物流会社の事務職として働いてはどうかと助言された。短期契約のパートではあるが、契約を更新すれば長く働けて、週五日勤務、手取り月一八万円というフルタイムに近い条件に惹かれ、二〇年一〇月、再就職を果たした。

だが、この会社も長引くコロナ禍でイベントや行事の激減に見舞われ、倉庫の利用度が大幅に減り始めた。シフトを減らされ、手取りは月一一万〜一四万円程度に落ち込んだ。

一人暮らしの家賃と光熱費、食費に加え、地方では必需品の車のローンとガソリン代、さら

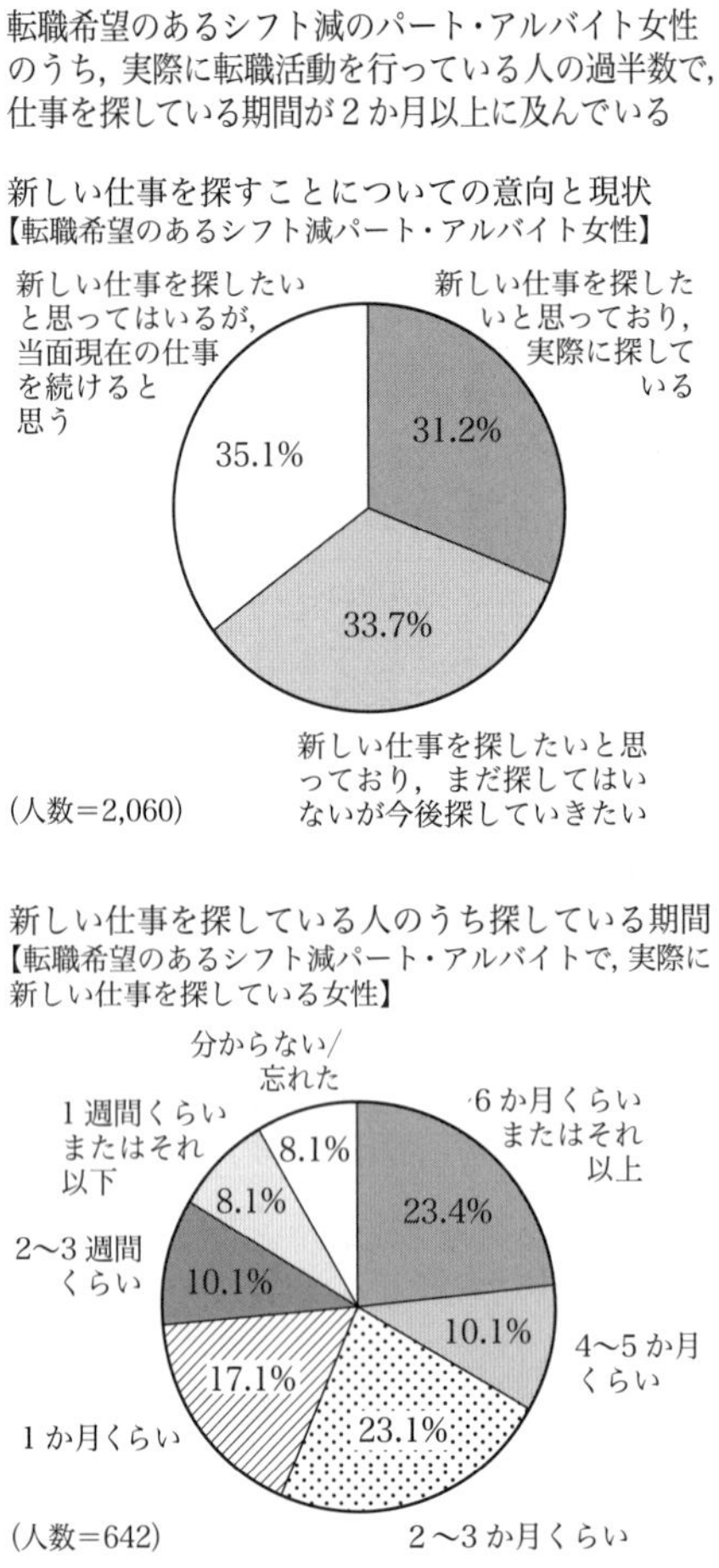

（出所）野村総研「コロナによるシフト減パート・アルバイト就業者の転職意向に関する調査」(調査時期2021年8月).

図4-1　転職希望のあるシフト減パート・アルバイト女性における転職活動の現状

に携帯電話代などを払うと、毎月赤字になった。二二年二月からのウクライナ戦争開戦後の物価急騰が、これに拍車をかけた。親やきょうだいから食料を送ってもらってしのぎながら、仕事の合間を見て再びハローワークに通った。だが、女性を対象にした求人で、生活できる賃金水準の仕事はなかなか見当たらなかった。

一年近く求職活動を続け、二二年春、ようやく手取り月一七万円の大手企業のシステム入力の仕事が見つかったが、待遇は不安定な派遣社員だった。「女性の事務系の仕事の求人は派遣社員ばかり。選択の余地はなかった」とチヅルは話す。

チヅルの体験は、必ずしも特異な例ではない。

二〇二一年八月、野村総研は、「コロナによるシフト減パート・アルバイト就業者の転職意向に関する調査」を行っている。転職したいと考えている二〇歳から五九歳のパート・アルバイト女性二〇六〇人を対象にしたインターネットによるアンケートだ。調査では、転職先を探すパート・アルバイト女性は三割に及び、うち四人に一人近くが半年以上求職活動をするなど、求職活動の長期化という状況が浮かび上がった（図4-1）。

コロナ禍の影響が及ばない業種などへの転職希望があるにもかかわらず求職活動を始めていない女性も三割にのぼったが、うち四人に一人が「収入が得られない期間ができると困るから」を理由に挙げた。また、転職を希望する女性の八割超が、資格取得や職業訓練にかかる金銭的負担の軽減、その期間の経済的不安感を解消する制度が新しい仕事に挑戦しやすくする、と回答している。低収入で貯えも乏しく、失業手当などの不備で働き続ける以外生活を支える方法がない女性たちの現実がそこにある。

「回転寿司型就労」の陰にDV

こうした女性たちの苦境への対策について、二〇二〇年一二月にまとめられた厚労省の雇用政策研究会報告書(概要版)の「アフターコロナを見据えた政策の具体的な方向性」は、次のように述べている。

「マザーズハローワーク等における子育て中の女性等を対象とした担当者制による職業相談・職業紹介等の支援に加え、子育て中の女性等が仕事と家庭の両立を図りやすいテレワークが可能な求人といったように、女性求職者の様々なニーズを踏まえた求人開拓を行う等、早期再就職を支援することで、不本意な非労働力人口化を防止」

一見、悪い施策ではない。だが、コロナ前から非正規比率が過半数を占めてきた女性の労働市場では、このような「求人開拓」や「早期再就職支援」が実行されたとしても、チヅルの例のように不安定雇用から不安定雇用への移動の連鎖に終わる確率は低くない。

あるハローワークの職員は次のように嘆く。

「現場では正社員就職の目標値が設けられているが、女性の過半数が非正規の労働市場で、とりわけ女性の正社員化はハードルが高い。数値を上げるためか、「週二〇時間を超えた仕事に就けば正規就職」とか「ハローワークには複数の部署があるが、たとえばこのうち四つの部署に重複登録した求職者が一つの企業に正規就職したら四人分」とかいったカウント方法をとってもいい、と現場では言われている」

「女性への求人は非正規しかない場合がほとんど。就職の達成率を上げようと、苦労して会社に押し込んでも短期契約によって都合よく雇い止めされ、またハローワークに戻ってきてしまう」

特に目立つのは、パワハラによって退職に追い込まれる例だという。パワハラの被害者は、男性も多い。だが、とりわけ女性は、夫のDVや上司のセクハラ、親による女の子を軽視する教育、などの暴力に慣れてしまっている。そのためパワハラされても自分が悪かったから、と思い込み、対抗できない女性が多い。その結果、黙って退職してはハローワークに舞い戻ることを繰り返すという。

「女性たちが言うんです。「私たちって回転寿司みたい。ベルトの上を回り続けているだけで一向にまともな仕事にたどりつけない」って」。ある相談員は苦く笑う。

首都圏に住む四〇代のサトコは、そんな一人だ。三〇代の専業主婦だった一一年前、夫から離婚を求められ、パートや生活保護を支えに二人の子どもを育ててきた。一九年冬、知人の紹介で大手生命保険会社の営業として正社員就職した。仕事に慣れない三か月間は税込みで一六万円保障すると言われ、生活保護を抜け出すことができた。その三か月後、コロナ禍が始まった。

二〇二〇年四月の緊急事態宣言で一か月の自宅待機となったが、賃金はその間も支給された。ところが、仕事が再開するとパワハラが始まった。賃金保障の期間とされた三か月が過ぎて顧客獲得のノルマが厳しくなり、それが達成できなかったからだ。親戚や知人を必死で勧誘した。それも尽き、査定が下がり、手取りは月一三万円に落ち込んだ。

辞めていく同僚も目立った。そんななかで、欠員補充のためか、「採用デー」とされた日には二人組んでハローワークの玄関前に立ち、コロナ禍で失業した女性たちを待ち受けて正社員に誘う当番もあった。こうした勧誘活動を通じ、たくさんの女性が正社員として採用される。営業能力のある女性たちは残るが、周囲を保険に加入させた後、目標達成に苦しんで退職していく女性も多数いた。もう、正社員なら安心という時代ではないんだ、とサトコは思った。

パワハラによるうつと生活費の不足のなかでサトコは退職し、その後は知人やハローワークの紹介を頼りに、コンビニの販売員、介護施設の調理員など、短期契約の仕事をつないでコロナ禍をしのいだ。どの職場でも非正社員が大半を占め、低時給で長時間労働が常態化していた。

すぐに就職できるのは、やめていく人が多いからなのだとわかってきた。

多様な雇用形態が入り混じるなかで摩擦も多く、パワハラは付いて回った。その一つである大手の鮮魚専門店では、仕事ができないなどと執拗に言われ、体調を崩して辞職に追い込まれたが、自己都合による退職とされた。これでは会社の都合による退職の場合と異なり、すぐには失業手当が出ない。会社のパワハラが原因なのにと疑問に感じつつ、自分が悪いとも思い、抗弁できなかった。「親に圧迫され、結婚後は夫から精神的なDVに遭い、職場でも、何かされると自分がだめだからと責める習慣がついていた」とサトコは振り返る。

それらがやはりパワハラだったと確信できたのは、舞い戻ったハローワークでの相談員の指摘からだった。その相談員も女性の非常勤で、「私たちは、三年たったら実績に関わりなく自動的に全員雇い止めされ、新しく公募しなおされるんですよ」と打ち明けられた。ハローワークは国の機関だ。女性の就労を推進する政府の足元でも？　とサトコは絶句した。

第2章で触れたように、自治体の非正規公務員の四分の三は女性だ。民間の非正規も七割が女性だ。「公も民も、女性の多くは回転寿司なんですね」とサトコは言う。

2 「資格」の限界

高度な資格が逆に壁

チヅルやサトコの体験は、「骨太の方針2022」が掲げる「スキルアップ」や「成長分野への移動」の推進が女性の経済的自立につながるには、暴力などで損なわれた自信の回復も含め、女性の現実に即した就労支援と労働市場の整備が必要、ということを浮かび上がらせる。それなしでは、「資格」も質のいい就職へのカギとはなりにくい。

首都圏に住むカズエは五〇代。外資系企業の正社員だったが、大手企業に勤める男性と結婚し、「うちの会社では妻が働き続けるのは前例がない」と言われて専業主婦になった。それでも経済的に自立したいという思いは断てず、通信制の大学に入って、国家資格の社会福祉士や精神保健福祉士など三つの資格を取った。

やがて夫と離婚し、資格を生かして再就職しようとした。求人が出ている福祉関係の仕事のほとんどが、非正規公務員だった。そのひとつである自治体の相談事業に、第2章で触れたパートの会計年度任用職員として就職した。だが、コロナ禍の二〇二一年春、一年契約の終了時に雇い止めされた。

ハローワークに通い詰めたがコロナ禍で求人は減り、一年たっても資格を生かせる仕事は見つからなかった。「訪問ヘルパーなら就職口はある」と言われた。待遇の不安定さや感染不安などから、人手不足が激しくなっているからだと聞いた。「福祉分野の仕組みは、低賃金による女性の奉仕が前提になっている。高度な福祉資格が逆に女性の就職の壁になってしまうのかもしれない」と思った。

会計年度任用職員なら仕事がないわけではなかった。だが、「もう嫌だ」という思いが先に立った。前の職場では「ジェネラリスト」としてさまざまな職場を異動する正規職員が、専門性の意味を理解してくれず、正規職員の昼食を買いに行くなどの雑用を引き受けさせられた。相談者から暴言やセクハラめいた電話がかかってきても、非正規の職員は守ってもらえなかった。正規職員は「ワークライフバランスが大切」として土日に休み、その穴を埋める形で、非正規職員は週末出勤を割り当てられた。「二級市民みたいな思いはもうしたくない。資格を女性の就労に結び付けたいなら、まず行政が、女性が多い福祉などの公的な分野での資格者に安定雇用を保障してほしい」と、カズエは言う。

こうした土壌の改革なしでは、就職相談員の徒労感もつのる。

「スキルアップ」や「労働移動」が注目されるなかで、大手派遣会社などが自治体に就労支援の代行を売り込む動きも活発化している。だが、家族のケアなどと両立できる安定雇用を必要とする求職者と、非正規や、極端な長時間労働の正規が大半を占める労働市場のミスマッチのなかで、再就職は進まない。そうした求職者に系列の派遣会社に登録してしのいではどうかと助言される例も目立ち、それが不安定な派遣労働への誘導口になることも心配されている。

デンマークの「労働移動」との落差

カズエも、非正規に雑用を押し付けたり、相談者によるハラスメントから守ってもらえなかったりすることを職場の問題と感じながら、口にできずに来た。パワハラではなく、自分に問題があるせいと思い込んできたからだ。カズエが、夫のDVなどによって自信を奪われてきたせいではないか、と気づいたのは、DV被害者を支えるプログラムに参加してからだった。

カズエが参加したDV被害者支援の一般社団法人「エープラス」の吉祥眞佐緒代表は、被害者たちの相談に乗ってきた経験から、暴力にあった女性たちは、力によって服従することを強いられることが習慣化し、不当な目にあっても自分を責めてしまいがちになる、と話す。その結果、悪条件を改善させる行動に向かえず、声を飲み込んでしまいがちになるという。

だが、これは、被害者が自らの人権侵害に鈍感であることを意味するわけではない。むしろ、被害女性たちは、人権侵害には人一倍敏感で、傷つきやすい。その結果、パワハラなどによって心が折れやすく、また、自主的な退職にも追い込まれやすい。

こうした女性たちが働き続けるための就労支援や労働相談は、働き口をあっせんしたり、労働法に則って解決法を探したりするだけでは不十分だ。DVなどの女性への暴力に対抗できる学習プログラムなどを入れ込むことが必要というのだ。

直接的なDVなどの体験がない場合でも、働く女性の半分以上は短期契約の非正規労働者で、非正規の七割は女性だ。この働き方は、権利を主張すると次の契約を更新してもらえないのではないかという無意識の圧迫にさらされ続ける。それ自体が、女性の対抗力を奪う「見えない暴力」とも言える。

つまり、「労働移動」が本当に働く女性の生活改善につながるには、再就職すれば安心して働ける労働市場づくりと、「モノを言ってもいいのだ」と思えるような「女性への暴力」への対抗プログラムが不可欠ということになる。そうした措置なしでは、転職奨励策は雇う側が働き手を使い捨てるための「排出口」になりかねず、スキルアップの奨励策は雇う側が質の高い労働力を獲得するためのものだけに終わる恐れがある。

一方、「労働移動」がしやすいフレキシブルな労働市場づくりを進めたことで知られるデンマークの例は、再就職が「働き手を使い捨てるための排出口」に終わらず、「よりよい安定雇用」への通路となりうる条件を示唆している（濱口桂一郎・猪木祥司ほか「欧州諸国の解雇法制――デンマーク、ギリシャ、イタリア、スペインに関する調査」）。

デンマークでは、グローバル化に伴って製造業が途上国へ移り、産業構造の転換が進むなか、新しい産業へと働き手を移動させる政策を目指し、解雇規制を緩和した。二〇〇九年、前年のリーマンショックによって大量の解雇者を生んだ先進各国は、この試みに注目し、視察が相次いだ。

こうした政策は、一見、「骨太の方針2022」などが提唱する「スキルアップ」「転職」を通じた「労働移動」政策と似通っている。だが、〇九年にその取材のため現地に出向いた私は、そこに、日本社会とはまったく異なる土壌があることを知った。

まず、働き手の多くは無期雇用なので、労働移動した先も基本的に安定雇用となる。加えて、労組の組織率が六六・五％（二〇一八年ＯＥＣＤ調査）と高い。このため、法律による解雇規制を弱めても、労組が職場を監視し、不当な解雇には待ったをかけやすい。さらに、①フレキシブルな労働市場、②手厚い失業手当、③技能向上へ向けた充実した職業訓練による再雇用という「ゴールデン・トライアングル」(黄金の三角形)を支えるため、七四%もの高い国民負担率に国民が合意している。

こうした条件の下では、失業手当に支えられて安心して良質の仕事を選ぶ余裕があり、労働移動すれば安定した雇用に移れる確率が高い。会社が人件費削減のために恣意的に「移動」させる「便利な排出口」として「労働移動」が乱用される危険性が少ない。また、デンマークは、働き手が企業の壁を超えて加入する産業別労働組合であり、会社を横断した同一労働同一賃金が生きている。移動しても同じような仕事に就けば同じ賃金水準が維持されやすい。

翻って日本は、非正規比率四割、労組の組織率は二割を切り、労組の主流は賃金が会社ごとに決まる企業別労組だ。これでは、労働移動しても仕事の内容に見合った待遇が確保されにくく、待遇は悪化する恐れが強い。まして、「家計補助」扱いなどで立場が弱い女性労働者が労働移動でキャリアアップするには、かなりの好条件がそろわないと難しい。

そうした批判を意識してか「骨太の方針2022」の「女性活躍」の項目には、「「女性活躍・男女共同参画の重点方針2022(女性版骨太の方針2022)」に基づき(中略)同一労働同一賃金を徹底し、女性が多い非正規雇用労働者の待遇を改善する」と書かれている。

確かに、「働き方改革」のなかで登場した「パートタイム・有期雇用労働法」では、二〇年四月から、正社員とパートタイム・有期雇用・派遣労働者との間の不合理な待遇差が禁止された。ただ、①職務の内容、②職務の内容と配置の変更の範囲、③その他事情の三つの要件に照らし合わせて、不合理があってはならない(八条)とあり、「配置の変更の範囲」、つまり転勤や人事異動の有無によって賃金に差がつく場合があることは容認されている。家族がいて転勤しにくい女性にはきわめて不利だ。

加えて「企業内での同一労働同一賃金」が基本なので、違う企業に移れば同じ仕事でも同じ賃金になるとは限らない。失業手当などの支えも手薄であるため、第3章のナナコたちのように、どんな仕事でも構わず早く探して働かないと生計が立てられない。さらに、女性は非正規比率が高いため、「労働移動」すれば不安定な非正規雇用になりやすい。DVなどの経験から自己肯定感を奪われている女性たちの多くがこうした壁に直面すると、黙って「自己都合退職」し「回転寿司」のベルトの上に戻ることになる。

置き去りにされる中高年女性

限界が目立つ「資格取得」や「スキルアップ」政策だが、「中高年女性はそこからさえ置き去りにされがちだ」と話すのは、中高年シングル女性の集まり「わくわくシニアシングルズ」

代表の大矢さよ子だ。

二〇二一年版『高齢社会白書』では、女性の就業者の割合は、五五～五九歳で七二・八％（男性九一・三％）、六〇～六四歳で五九・七％（男性八二・六％）、六五～六九歳でも三九・九％（男性六〇・〇％）と男性に接近しつつある。中高年女性はいまや、「労働者」の重要な一角だ。一方、相対的貧困率は、六五歳以上の女性は二〇一八年時点で二二・九％と、他の性別・年代を圧して高い。男性高齢者の貧困率は、一九六一年からの「国民皆年金」を背景に一九八五年から約三〇年間で改善してきたが、女性はさほど改善が見られない（阿部彩「貧困の長期的動向」貧困統計ホームページ）。

そんな中高年女性のコロナ禍での実態を調べたいと、二〇二二年八月四日～九月二〇日、大矢らは、女性団体「北京ＪＡＣ」や立教大学の湯澤直美教授と協力し、インターネットと郵送による「中高年シングル女性の生活実態調査」を行った。

調査によると、対象となった四〇歳以上のシングル女性二三九〇人（有効回答は二三四五人）のうち八割以上が就労し、主たる生計維持者も八割を上回ったが、非正規・自営業比率は五割を超えた。理由（複数回答）は、「正規の職に就けなかったから」が四二・〇％、「年齢を考えるとこの就業形態しかないから」が二七・一％と、「不本意な非正規就労」が目立った。二一年の年収は、三割が二〇〇万円未満、五〇〇万円以上は一七％にとどまったが、生活保護受給者は二・六％にすぎなかった。

大矢は一九五〇年に生まれ、出産で仕事をやめ、四〇代で離婚してシングルマザーとなっている。その後は社会保険労務士などの資格を生かして二人の子どもを育て上げ、自身も含め、多数のシングル女性の老後の過酷な経済状態に直面してきた。共通するのは現役時代からの男女の賃金格差と、その結果としての低年金と低貯蓄だった。そんな高齢女性たちの貧困を改善したいと二〇一五年に立ち上げたのが、「わくわくシニアシングルズ」だった。

そんな大矢にとって、高齢女性についての調査結果はほぼ想定内だった。だが、四〇～五〇代の若手中高年の状況には息を飲んだ。調査対象者全体のうち働いていない人は一五・四％。この中で年齢の壁で仕事が見つからずに求職・失業中の人は二五・五％、新型コロナの影響による求職・失業中は一四・四％だったが、その六割以上が四〇代で、五〇代を入れると九割近くを占めた。働き盛りなのに、探しても仕事が見つからないということだ。

自由記述は、これらの層の女性たちのコロナ禍体験を浮かび上がらせる。
■コロナ大流行中の二年間程、派遣就業先の会社が一時帰休の名の下、週四日の勤務となりました。正社員や直接雇用のパートタイマーは給与補償一〇〇％でしたが、派遣社員は違いました。所属する派遣会社により補償額が約五〇〜一〇〇％と幅があり、その理由がよくわかりません。低収入者にさらに追い打ちがかかる厳しい状況であり、今後も同様の事が起こる可能性を考え憂うつです。（四〇代　独身　非正規職員）

■働いていないわけではありません。最低限の生活をしたいだけです。消費税増税や物価上昇はそういう人を苦しめています。（四〇代　独身　非正規職員）

■男女の賃金格差や昇格等の男女差を是正するよう国の政策で徹底して欲しい。最低賃金を時給一六〇〇円まで引き上げて欲しい。とにかく賃金が低く生活に全く余裕がありません。（四〇代　離婚　正規職員）

■去年まで派遣で就業していました。派遣先は機械製造業の会社で、業績が悪化すればすぐに派遣を切れるように最初からずっと二か月ずつの契約でした。コロナ禍で徐々に業績が悪くなり、勤務して二年が経った去年に契約更新なしと言われました。四〇代で子持ちだから条件の悪い会社しか選択肢がない状況です。派遣先企業は、派遣社員を業績悪化の際の便利な調整手段として利用しています。短い契約期間を組んでおいて切れ目に切るということが行われています。こんなやり方はやめてほしいです。（四〇代　離婚

■コロナ禍で職場が閉店、正社員という立場を失い不安。（四〇代　独身）

■高ストレスの中、必死で働いても男性正規社員の数分の一の給与。就職氷河期に社会に出るも一度も正規で雇われず。こういう人はその後も安く使ってよいという慣習。給与は生活保護並みのギリギリ、命を繋ぐだけの人生。（四〇代　離婚　非正規職員）

女性は正規も含めて賃金が低く、貯金も年金も少ない。このため、「働ける限り死ぬまで働く」と回答した人は全体の六五・六％にのぼる。自営業・フリーランスでは「病気・怪我・疾病への保障が少ない」が六五・四％に達した。先が長い「若手」を中心に、生活していける仕事につながるスキルアップや就労支援は中高年にも必須だ。だが、就労支援を受けたことがない人は六割、就労支援を受けた人で正規職員に就けた人は三人に一人しかいなかった。女性が働くうえでの困難としては、「年齢、正規・非正規間での待遇格差、男女の賃金格差」を挙げる人が六割を超えた。「資格」「スキルアップ」が生活の向上に直結する基盤そのものが整っていないことを、当事者たちは体感していた。

困った時の相談先も、自治体の相談窓口は一割、男女共同参画センターは二・六％に過ぎず、大半は友人、知人、親、子ども、親戚だ。若年女性の困窮相談には、第5章で後述するように、ようやく行政の目が向けられ始めたが、中高年女性は「夫の傘がある既婚女性」という意識の壁があるためか相談や支援の対象として呼びかける動きが鈍い、と大矢は見る。

職業訓練を支援する給付金にも年齢の壁が残っている。一定期間以上雇用保険に加入していた人が厚労省の指定する対象講座を受けると「専門実践教育訓練給付金」を受け取れ、失業中は受講費用の一部だけでなく、失業手当の八割の額が「教育訓練支援給付金」として受け取れる。だがこれは、受講を始めるとき四五歳以上だと対象にならない。

人気の職業訓練では、二〇代、三〇代が優先されることも多い。枠が十分でないことが背景にある。

「自分たちの若い時、男性との賃金格差は大きかったが安定雇用の正規労働がほとんどで、やめなければ一応厚生年金は来る。氷河期世代のいまの四〇代、五〇代女性は、若い時から低賃金で不安定な非正規雇用ばかりで、高齢女性の貧困はより深刻化・大量化しかねない。それに対応できる就労支援政策がない」と大矢は言う。

3 「正規化」にも限界

正社員数押し上げた福祉業界

コロナ禍の下では、女性の「正社員」が増えたと言われる。二〇一九年に比べ、二一年の正規労働者数は、男性の一万人増に対し、女性は六一万人もの増加となった。ただ、こうした「正社員」の増加現象は、女性の雇用安定や待遇改善に必ずしも直結しない。非正規労働者が五人に二人に増えたことなどに伴って「正社員」そのものの変質が起きているからだ。

まず、女性の正社員の増加分の三分の一程度は、医療福祉業界だ。この業界は、第2章で触れたように、責任や負担の重さに比べて待遇が低いことが響き、以前から人手不足に悩んできた。コロナ禍では、離職者の続出もあって、業界で人員の確保へ向け、無期雇用による囲い込みに動いたことが、正社員数の押し上げを促した可能性がある。

ただ、無期雇用が即、女性の経済的自立につながるかは予断を許さない。賃金構造基本統計調査でこの業界の平均賃金を見ると、二〇二一年の男性正職員がコロナ禍直前の一九年に比べ四・二%上昇しているのに対し、女性正職員は〇・七%程度の上昇にとどまる。

もちろん、コロナ禍の影響を受けにくかった業界もあり、それらが、労働力不足の解消に対応するため、感染拡大以前からの女性の正社員採用を、底堅く続けていたことが、全体としての女性正社員の増加を支えた、という見方もある。たとえば「金融・保険」業界では女性の正社員が増え、明治安田生命では二一年一月から二五〇〇人の契約社員を、希望すれば原則として全員、地域限定の総合職に転換している(金井郁「女性活躍推進と女性正社員数の増加を考える」)。業界の平均賃金も、正社員女性は一九年に比べ二一年には三・九%の上昇だ。

ただ、この業界も、先に述べたサトコの生命保険会社での体験にも見られたように、変動の大きい歩合制やノルマの厳しさから回転が激しい。そんななか、「正社員採用」を打ち出して人員を補充・拡大していく手法は介護業界と似ている。「自立できる安定雇用」の保障につながるかは、ここでも課題だ。

マタハラ解雇の影

こうした「正規化」の限界は、コロナ禍で特に目立った正社員の「マタハラ解雇」からも見えてくる。「女性ユニオン東京」の執行委員・谷恵子は、「特に二〇二〇年後半こうした相談が相次ぎ、いまも続いている」と話す。

同ユニオンによると、被害の対象は、コロナ禍に直接関係のない事務職にも及び、内容は次の四つのケースに大別できるという。

ケース1：妊娠を告げたら「辞めてくれないか」と持ちかける。

ケース2：育休から復帰する際の面談で「契約社員」になることを勧められる（契約期間が切れた時点で雇い止めになる例が多い）。

ケース3：育休復帰する際の面談で、退職を強要する。

ケース4：育休の際に支給される育児休業給付金の手続きを会社がしてくれない。

どの場合も、会社側は「コロナによる業績悪化」を理由に挙げている。だが、コロナで仕事が減ったという証拠は出さないまま、パワハラ的な行為で自主退職へ誘う例がほとんどだ。「あなたの席はもうない」と言われ退職を承諾するまで解放してもらえなかったり、コロナ感染拡大のなかで「妊婦の健康を保障できない」と退職勧奨されたり、妊娠を告げると「夫の扶養家族になれないか」と持ち掛けたりするやり方だ。「これからは男性を雇う。次の募集をしたいので早く辞めて」と言われるなど、子育てのない男性正社員への乗り換えの動きまであった。

谷は言う。

「政府は、マタハラは禁止したが、一方で、新自由主義的な人件費削減競争は放置されている。その結果、マタハラは水面下にもぐり、コロナ禍を利用した「隠れマタハラ」という形で表れた」

政府による企業への賃上げ要求も企業の裁量任せで全体を上げるものとはならず、企業が「生産性に貢献する」と考える社員は引き上げられても、「生産性が低い」という偏見で見られがちな子育て女性などはツケ回しの対象にされる、という見方だ。

客室乗務員に最賃割れの恐れ

コロナ禍で運航数が激減し、厳しい状況に置かれた航空業界では、女性が多数を占める客室乗務員たちの賃金ダウンがとりわけ深刻だった。「最低賃金が上がったこともあり、会社によっては時給換算で最賃(最低賃金)を下回る客室乗務員まで出て、あわてて賃金補塡を行い、最賃を上回る水準に引き上げた」と、客室乗務員のカオリは打ち明ける。背景にあるのは、女性が多数を占める「正社員」職場での仕事に見合わない待遇の低さの横行だ。

新型コロナの感染拡大で人々の移動が止まり、航空業界がかつてない苦境にあったことは、さまざまに報じられてきた。だが、女性が九割以上を占める客室乗務員が、そのなかでも特に直撃を受けたことは、あまり触れられていない。ここでも、人件費削減へ向けた出来高払いのような変動賃金の存在が響いた。

カオリも所属する航空労組連絡会(航空連)は、パイロットなどの運航乗務員や、客室乗務員、整備士、地上での支援作業を担うグランドハンドリング担当など、航空業界で働く全ての職種が加入する産業別組織だ。航空連によると、大手航空会社などの運航乗務員、整備現業部門の女性比率は一%程度、グランドハンドリングでは一割程度で、客室乗務員の女性比率の高さが目立つ。そんな客室乗務員の二〇年度の年収はJALの場合、コロナ禍で二七%減り、平均で三七六万九〇〇〇円となった。地上職員は一四%減で平均年収四八八万三〇〇〇円だから、客室乗務員の減り方の激しさが浮かび上がる。

そこには、乗務のつど支給される「乗務手当」に支えられた、出来高払い的な客室乗務員の賃金体系がある。

客室乗務員の職場は、JALの場合で、地上職員の初任給が二四万円程度なのに対し、客室乗務員は二〇万円程度だ。乗務手当として一時間あたり七〇〇円が加算されることで、その穴が埋められる形になっている。定期昇給率も客室乗務員は地上職員より低く、毎年、賃金格差が広がっていく。地上職に比べ、昇格のハードルも高い。査定の基準があいまいな人事考課に加え、顧客に与える印象など主観に左右される「サービス品質」の査定も原因だ。

海外の客室乗務員の場合は、乗客の安全を守る「保安要員」として国家ライセンスが付与されている。男性比率は三～四割と高く、基本的には勤続年数順に機内の働き方が決まり、評価制度も存在しない。国家ライセンスが上司の主観を排し、職務の価値と独立性を支える役割を果たすからだ。一方、女性が九割を占める日本の客室乗務員は、実際は同じ乗客の保安要員であるにもかかわらず、パイロットや整備士のような国家ライセンスを付与されていない。

その結果、たとえばJALの場合、上司の評価を得て昇格しないと責任者になれず、その結果、経験を積んでも賃金が頭打ちとなる客室乗務員は少なくない。「上司の顔色をうかがい、職場では本音が言いにくい」とカオリは感じてきた。

時差や早朝・深夜の不規則な勤務・長時間労働、低気圧・低酸素の機内環境、保安要員としての緊張と「笑顔の接客」の二重負担のストレスのなかで、一九年一月にはフライト中に女性客室乗務員が倒れ、遺族が過労死認定を申請している(宗光美千代「客室乗務員の現状と国際比較、労災等について」)。

そこへ、コロナ禍による乗務手当の激減が発生した。運航乗務員には乗務しなくても一定の乗務手当が支払われ、下支えがあるが、出来高払いのような乗務手当制度の下で基本給だけになった客室乗務員の間からは、家賃が払えないかもしれないという声まで出た。

二〇二二年に入ってからはようやく運航が回復し、賃金水準も戻ってきた。だが、今度は便が急増するなかで客室乗務員に感染者や濃厚接触による自宅待機者が増え、カオリたちの疲労は倍加した。海外の空港ではコロナ禍に伴うレイオフ（一時解雇）の影響でグランドハンドリング担当の職員が激減し、機内食の手配の手違いや清掃の不備が目立つ。それらの点検や回復作業もすべて、カオリら客室乗務員の肩にかかってきた。「コロナ禍で身にしみたことは、仕事に見合った賃金と労働条件。「女性活躍」は実態を伴っていない」

女性が多い職場は仕事の重さが理解されず、改善を求めれば人事考課で押さえつけられる。スキルの評価もあいまいなまま、コロナ禍からの回復による歪みへの対応が丸投げされる。「スキルアップ」「女性正社員の増加」の言葉だけがカオリたちの頭上を通り過ぎていく。

第5章
「世帯主主義」という仕掛け

コロナ禍による幅広い生活苦に対して、政府は二〇二〇年四月、簡素で迅速な支給を目指し、所得制限なし、一律一人一〇万円の「特別定額給付金」の支給を決めた。その後、所得制限付きではあったが、一八歳以下の子どもたちに対する「子育て世帯への臨時特別給付金」(子ども給付金)なども支給され、「女性不況」に直撃された非正規・フリーランス女性や母子世帯にとって命綱になった。だが、それらは、支援が必要な女性たちに、必ずしも届かなかった。その底にあったのが、「世帯主主義」という仕掛けだ。

1 「簡素」「迅速」ではなかった世帯主支給

届くまでに一年九か月

二〇二二年一月、三〇代のアキナは胸をなでおろしていた。別居中の夫の口座に振り込まれていた「特別定額給付金」のうち、自身と子どもの分の二〇万円を二人に支払うよう命じた熊本地裁の判決が、ようやく確定したからだ。「簡素で迅速な支給」を掲げたこの給付金が始まった四月から、約一年九か月がたっていた。

二〇二〇年一月、アキナは里帰りしていた親戚の家で、初めての子どもを出産した。出産までの別居期間中、夫は自分や子どもに生活費を出さなかった。そんな夫の対応に、アキナは不信感を強め、話し合いの末、二〇年四月に離婚することでほぼ合意が成立した。その月、「新型コロナウイルス感染症緊急経済対策」の一施策として一律一〇万円の特別定額給付金の支給が閣議決定された。

特別定額給付金は、基準日とされる二〇年四月二七日に住民基本台帳に記録されていた全員に、一人一〇万円を支給する制度だ。「簡素な仕組みで迅速かつ的確に家計への支援を行う」（総務省「特別定額給付金（仮称）事業に係る留意事項について」）ことを目的に、「受給権者」とされた住民票上の世帯主に、家族分をまとめて支給する仕組みだ。

アキナの場合、離婚がまだはっきり決まっていなかったことから住民票は移しておらず、「受給権者」は世帯主の夫となった。ＤＶ支援団体の働きかけによって、ＤＶ被害で夫から逃げている女性などについては「世帯主」でなくても個人で申請・受給できる特例ができた。だが、アキナは、相談に出かけた自治体の担当者から「ＤＶ被害者でなく、世帯主でもない」とされ、対応してもらえなかった。二〇年五月ごろ、夫は子どもとアキナの分も含む三人の給付金を自治体に申請し、三〇万円が夫の口座に振り込まれた。

産休が明けて育休に入り、アキナの生活は苦しくなっていた。正規雇用で働いてきたため、出産手当金とその後の育児休業給付金はすんなり受け取れた。だが、二つとも額は産休前の賃金の三分の二程度、育休給付金は開始から半年を過ぎる秋には五割に減る。夫からの養育費や生活費支援もなかった。

離婚後の子育てを考え、夜勤があった前の職場を退職し、夜勤のない仕事探しに奔走した。だが、コロナ禍の下で仕事は容易に見つからなかった。生活費に加え、退職後に加入した国民健康保険の子どもの保険料や前年の住民税の負担も大きく、預貯金を取り崩して暮らす日々が続いた。だが、夫はアキナの給付金要求を断った。

アキナは簡易裁判所に持ち込み、二一年四月に勝訴した。夫は熊本地裁に控訴し、同年一二月、アキナはこれにも勝訴、その判決が確定したのが二二年一月だった。

混乱招いた「受給権者は世帯主」

「離婚が決まる前の不透明な時期だからこそ、経済支援は必要だった」とアキナは振り返る。にもかかわらず、「世帯主を通じた迅速な支給」がここまで長引いた背景には、「受給権者は世帯主」という言葉のあいまいさがある。

一般に、「受給権者」は「年金給付又は一時金給付を受ける権利を有する者」（りそな銀行『年金用語集』）とされる。単なる申請・受給のまとめ役ではなく、受け取る権利がある人と解釈できる用語だ。また、厚生労働省の「国民生活基礎調査の概況」（二〇二一年）で、世帯主は「年齢や所得にかかわらず、世帯の中心となって物事をとりはかる者として世帯側から報告された者」と定義されている。「男性」との明記はない。だが、性別役割分業が根強い日本の社会では「物事をとりはかる者＝男性」となりがちで、夫婦のみと夫婦・子どもの世帯での世帯主は九割以上が男性だ。このような、「男性世帯主への取得権の付与」と解釈されかねない言葉が女性たちの警戒感を誘い、給付金の発表時、ツイッターではハッシュタグ「＃世帯主ではなく個人に給付して」が急拡大した。

「受給権者」とせず、「世帯主がまとめて申請・受給する」などとすれば、こうした混乱は防げたはずだ。だが国会などでは、「簡素な仕組みで迅速かつ的確に家計への支援を行うという給付金の趣旨を踏まえて、前回の定額給付金と同様に世帯を単位として給付を行う」（二〇二〇年六月四日、参議院厚生労働委員会・安倍晋三首相）ためとして、「迅速な支給」のために必要とする説明が繰り返され、「受給権者」という言葉は維持された。

「簡素な仕組みで迅速に家計に支援」と聞くと、コロナ禍の下ではなんとなく納得してしまいがちだ。だが、それは世帯主男性に権利を集中させ、女性や子どもからの異議申し立てを抑え込ませることによる「迅速さ」ではないのか。

アキナの訴訟での夫側の言い分は、そんな女性たちの懸念が杞憂ではなかったことを明らかにした。夫側は、「受給権者は「個人ではなく世帯主」とされており、給付目的は「家計」への支援とされているから、給付金を受給した世帯主が給付対象者に給付金相当額を支払う義務はない」という趣旨の主張を展開したからだ。また夫側は、世帯構成員から世帯主への請求権が認められると「各世帯の家庭内において紛争が生じ、国民全体の混乱を招く」とも主張していた。

これに対し判決は、給付対象者は「基準日において住民基本台帳に記録されている者」とされており、受給権者を世帯主としたのは「基準日において住民基本台帳に記録されている者」の家計への支援を迅速かつ的確に行うための方策であるから、支払いは、アキナと子どもの「家計」に対して行われるべきだ、と命じた。

ここでは、①二〇二〇年四月におおむね離婚は合意され、夫から生活費の送金もなかったことから見て基準日の時点で実質的に夫とアキナらの二つの世帯となっていた、②世帯構成員が受給を希望しなければその旨を申請書に記載する方式となっていたのに、夫は希望を確認しないでアキナらの分も受給していた、③これらから、実質的な別世帯への給付分を夫が「悪意で利得」したと認められ、これは、対象者の世帯への迅速な家計支援という制度の目的に反する、とされた。アキナの代理人、福井雄一郎弁護士は「この判断によって、経済的支援が必要なのに「世帯主」でないからと諦めていた人たちが救われることになる。実態に合った支援のために重要な判決だ」と話す。

判決は、「世帯主」の夫から別居中の妻の世帯への支払いを認めた画期的なものではあったが、「別世帯への支給」を求めただけで、個人単位の支給を認めたものではない。だが、個人単位を原則とすることの必要性を訴える女性は少なくない。その一人で東京都に住む四〇代のヤスコは、コロナの感染拡大が始まった二〇年二月ごろ、夫のDVで知らぬ間に自宅の鍵を付け替えられた。自宅に入れないまま別居が続いたが、生活費は夫の口座に結び付いたカードで引き出すことができた。そのため、特別定額給付金が夫の口座に振り込まれても、さほど問題と思わなかった。だが、やがてカードに結び付けられていた口座が夫によって空にされた。経済的な締め付けだった。「支援金が世帯主にまとめられると、夫の一存で妻の生活が左右されてしまう。やはり個人単位の方が安心です」

世帯主に「受給権」を与えることによる家族管理の手法は、女性だけでなく、必要とする子どもに届かない例も生み出していく。その一例が、国会での次のような質問だ。
「少年院出て、住み込みで働いていると。でも、世帯主である父親が、これ全部自分のお金で絶対にやらないと言っている。保護司さんは、何とかその青年に十万円あげたい、でも、役所に行ってもどこに行っても駄目だ。こんな話がたくさんあります」(二〇二〇年六月四日、参議院厚生労働委員会・福島みずほ議員)
ネット上では「日本人の妻が世帯主の場合、情報不足の外国籍夫に届くのか」という懸念も寄せられた。そこにあったのは、社会的強者が、国を代行して社会的弱者を管理できる「仕掛け」への不安だった。

2 繰り返される給付金差別

子どもへの給付金でも問題化

このような男性世帯主への給付の集中は、二〇二一年度に支給された子どもへの給付金でも形を変えて問題化した。

ここでは「迅速な支給」へ向け、児童手当の受給者の口座が利用された。児童手当の受給者は、「生計を維持する程度の高い者」（所得の多いほうの親）とされている。これだと、男女の賃金格差のなかで給付金は男性世帯主に流れやすくなる。ただ、夫婦が別居していた場合、子どもへの配慮から「児童と同居している親」に優先的に支給されることになっており、「子ども給付金」も、支給開始前から父と母子が別居していれば、男親の収入に関わりなく母子に支給されるはずだった。ところが、その「受給資格者」は九月末の基準日に確定し、八月末までに申請が必要とされていたことから、九月一日以降に離婚や別居した母子には届かないことになってしまった。「基準日の壁」だ。

先のアキナの例からもわかるように、離婚前の別居は生活の見通しが立たず、不安定度が高い。ところが、ひとり親支援団体などによる「「別居中・離婚前のひとり親家庭」実態調査プロジェクトチーム」のアンケート（二〇二〇年九月、ネット調査）では、こうした家庭の一八・一%が「子どもと別居中の相手が児童手当を受け取っている」と回答し、年収二〇〇万円未満の家庭は七割を超えた。受給口座は手続きすれば変えられるが、その制度を知らない人も四割近くにのぼった。こうして「生計を維持する程度の高い親」を振込先とし続けてきたことが、母子に届かない事態を生むことになった。

二〇二一年一二月から二二年一月まで行われたひとり親支援NPO「しんぐるまざあず・ふ

ぉーらむ」のアンケートには、基準日の壁に阻まれて支援を受けられない母たちの訴えが八〇件以上寄せられた。

「九月二九日に離婚し、養育費も振り込まれない状態で（給付金が）元夫側に振り込まれてしまう」「一一月に夫が失踪し受け取れない」「もらえると思っていた分、振り込まれないと聞いて絶望的になった。死にたくなった」といったもののほか、二二年春からの子どもの入学・入園を控え、制服代や教材費が出せない、離婚による引っ越しに伴い仕事を辞め、収入減となったため食費は子ども食堂などから支援されている、というものも目立った。

このような調査結果を受けて批判の声が広がり、政府は、基準日にかかわらず生活実態に合わせて支給するよう姿勢を転換した。

三〇年以上にわたる攻防

このような、「男性家長」に家族を管理させる「家制度」の残り香のような仕組みと、女性など「必要な個人」に届く現実的な支援の必要性との綱引きは、実は三〇年以上もの間、繰り返され、それでも「世帯主への支給」という基本は変わっていない。

発端は、一九九五年の阪神・淡路大震災だ。これを契機に九八年、「被災者生活再建支援法」

（生活再建支援法）が成立し、その第三条で「都道府県は、当該都道府県の区域内において被災世帯となった世帯の世帯主に対し、当該世帯主の申請に基づき、被災者生活再建支援金（以下「支援金」という。）の支給を行うものとする」とされた。

一般の人々からの義捐《ぎえん》金も、この法律に則って世帯主への一括支給となった。災害支援における「世帯主主義」の明文化である。

生活再建支援法は阪神・淡路大震災の後にできたため、この震災の被害者には適用されず、兵庫県は代わりに「被災者自立支援金」制度を創設して被害者を支えた。これもやはり世帯主への一括支給方式となった。

阪神・淡路大震災で被災した一人の女性が、この「自立支援金」の受給を申請した。被災した時、女性は世帯主だった。しかし、被災後に結婚し「世帯主」でなくなったことから支給を断られ、訴訟に発展した。支援グループも生まれ、県は規定を改正し、被災時に世帯主だった場合はその後、世帯主でなくなっても支給するとして和解で決着した。だが、世帯主にしか支給しないという規定自体は変わらなかった。

同様の問題は二〇一一年の東日本大震災でも繰り返された。この時は被災女性から支援者に対し、次のような訴えが寄せられている。女性は津波で家が流され、生活再建支援金を申請したという。住むところがないにもかかわらず、世帯主の父が妹と女性の三人分を占有し、不服申し立てもとりあってもらえなかった（竹信三恵子・赤石千衣子編著『災害支援に女性の視点を！』）。

二〇二〇年三月四日付朝日新聞デジタルは、DVや性暴力被害者の支援団体として東日本大震災で被災女性の支援を行ったNPO法人「ハーティ仙台」の八幡悦子代表理事らへの取材から、女性被災者への支援金問題をめぐる次のような事例を紹介している（「被災者支援金、届かぬ女性たち　DVの夫が独占、なぜ」）。

- 宮城県内に住む六〇代後半の女性は、夫と農業を営み若いころから夫の暴力に苦しんできた。震災を機にDV相談機関にたどり着き、その支援で家を出た。被災者生活再建支援金は支払われたはずだが、世帯主に振り込まれるため、夫の通帳にいくら入ったのかも知らない。
- 福島で被災し、母子で関東に避難した。東京電力からの賠償金は世帯主として夫の口座に入金され、夫は「離婚を諦めるなら賠償金を払ってやる」と言っている。
- 夫の両親と同居し、夫に暴力を振るわれてきた。津波で家も仕事も失い、夫の暴力が激しくなり、母子で別居した。支援金は祖父に払われ、財産のない夫は養育費も払わない。

国際協力ＮＧＯ「ジョイセフ」は、東日本大震災で被災した産婦への義捐金を、本人名義の口座に五万円ずつ振り込む形を取った。石井澄江理事長は、「夫の口座しか持っていない女性も多かった。これを機に口座を作ってもらうことで女性のエンパワーメントを応援することも目指した」と振り返る。日本の女性が経済主体になることを阻まれている例が少なくなかったことを示す一例だ。

暮らしへの公費の出し渋り

それにしても、このような攻防が、なぜ長期にわたって繰り広げられ続けるのだろうか。男権主義への郷愁や、二〇二二年の「安倍元首相銃撃事件」で表面化した旧統一教会問題などの「宗教右派」の存在だけが理由なのだろうか。

福井県立大学名誉教授の北明美は、その論文「給付金が生む分断――「世帯給付」からこぼれ落ちる人々」（『生活経済政策』二〇二一年四月号）で、世帯主主義への固執は、給付金に所得制限が設けられていることと結び付いている、とする。子どもの育成など人々の暮らしに公費を出し渋る政治の習性が、そこに見えてくる。

旧「児童手当法」（一九七一年成立）では、父母が共にその子どもを監護し、生計を同じにしている場合は、「子どもの生計を維持する程度の高い者」が「養育者」とみなされ、児童手当の受給権者とされていた。「生計を維持する程度の高い者」とは「家計においてより中心的な役割を果たしている者」などのことで、男女の賃金格差を考えれば父が受給権者になる場合が圧倒的に多くなる。

二〇一〇年、民主党政権の下で、旧「児童手当法」の代わりに成立した「子ども手当法」でも、この規定は引き継がれた。だが、一一年に施行された「平成二十三年度における子ども手当の支給等に関する特別措置法」で、子どもを監護し生計を同じくする父または母のうちどちらかのみが子どもと同居している場合、別居している父と母の間に生計同一関係がないことを条件に、同居している父か母を受給権者とみなす、という「同居親優先原則」が定められた。それまでは、離婚後でも、父からの養育費が母子の生計費の大半を占めていれば、たとえ監護関係がより希薄であっても、「生計を維持する程度が高い」ということで父が児童手当の受給権者になっていた。それから考えると、右の原則への転換は子どもの世話を主にしているかどうかという「親としての実態」を重視した点で、大きな進歩だ。

その転換は、「子ども手当」で所得制限が撤廃され、「親の所得限度内かどうか」は支給の判断材料にならなくなったことで可能になった、というのが北の指摘だ。

表 5-1　コロナ禍での子どもへの主な給付金

①	児童手当の受給者に 1 万円を臨時に支給した「子育て世帯への臨時特別給付金」(基準日 2020 年 3 月 31 日，高校 1 年生は同年 2 月 29 日)
②	大人も子どもも含む一人一律 10 万円を臨時に支給した「特別定額給付金」(基準日 2020 年 4 月 27 日)
③	2020 年 4 月分の児童手当の受給者と，同じ所得限度内で子どもを養育する者，および児童扶養手当受給者に対し，子ども一人当たり 5 万円を支給した「子育て世帯生活支援特別給付金」
④	2020 年 6 月分の児童扶養手当受給者を中心に，子ども一人当たり 5 万円，第 2 子以降，各 3 万円を計 2 回支給した「ひとり親世帯臨時特別給付金」
⑤	2021 年 9 月分の児童手当受給者と同じ所得限度内で，高校生世代の子どもを養育する者(基準日 9 月 30 日)に対し，子ども一人当たり 10 万円の給付金を支給した「子育て世帯への臨時特別給付金」と「住民税非課税世帯等に対する臨時特別給付金」(基準日 2021 年 12 月 10 日)
⑥	2021 年の「子育て世帯への臨時特別給付金」の対象年齢の子どもを養育する同居親でありながら，この給付金を受けとらなかった養育者を救済するため，子ども一人当たり 10 万円を限度とする給付金を支給した「子育て世帯への臨時特別給付」(支援給付金)

(出所) 北明美の論文「給付金が生む分断――「世帯給付」からこぼれ落ちる人々」(『生活経済政策』2022 年 4 月号)より筆者抜粋.

二〇一二年、所得制限は復活され、新「児童手当法」ができるが、この原則は、ここでも受け継がれた。ただ、父母の恒常的な別居と、父母の生計が同一でないことが前提であり、両親がともに養育している限りは子どもの「生計を維持する程度の高い者」が受給権者という点は変わらなかった。海外では、同居、非同居にかかわらず子どもを監護している親への手当支給が原則とされることが多いが、そちらに転換したわけではない。

女性も「生計を維持する程度

の高い者」になれば受給権者になれる、という反論もあるかもしれない。だが、子どもへの手当なら、実際に世話をしている親に支給するのが合理的だ。加えて、子どもの世話などで十分に働けないために低収入に抑えられている母は多く、その結果、児童手当も受け取れないとすれば、それは女性の貧困を倍加させ、より高い所得の者にさらに手当を上積みするという経済格差の拡大政策を、国が推進することになりかねない。

一方、コロナ禍の下では、子育て世帯の窮迫のなかで、これらに対する給付金制度が相次いで繰り出された(表5-1)。北は、これらを概観して児童手当制度などでの「生計維持者」原則より「同居親原則」がより広く認められていったことになる、と述べている。ただ、それは当初「生計維持者」原則があてはめられたことで給付から排除される親が可視化されてしまい、支援団体から批判を受け、かえって次第に制限が緩和されていった結果だった、とも指摘している。

このような「世帯主主義」は、男性による給付金の占有↓女性の貧困、という視点から問題視されることが多い。ただ、それは同時に、「所得制限」を通じて子どもの育成という社会的コストを「世帯主(ほとんど男性)」という個人の負担に付け替え、浮いた公的資金を防衛費や五輪など大手企業の利益になる事業へと誘導していく仕組みでもある。その意味で被害のすそ野は両性にまたがっている。

3　子どもや少女に広がる被害

困窮する子どもたち

そうした被害のひとつが、コロナ禍で浮かんだ子どもや若い女性たちの困窮だ。

一九九〇年代後半以降の賃金の低下傾向のなかで、多くの男性にとって、「家族の扶養」は簡単ではなくなっている。それでも「男の甲斐性」を前提とした虚構の「扶養責任」が男性の肩にのしかかる。その先にあるのは、子どもたちの困窮だ。

子どもの支援を目指すＮＰＯ法人「キッズドア」は、ひとり親の子どもたちへの食料支援を行っている。非正規が半数を占めるひとり親家庭は、コロナ禍でとりわけ激しいダメージを受けた。こうした家庭の子どもたちからこの団体に寄せられる礼状は、その困窮の傷を浮かび上がらせる。

「食料が届いて冷蔵庫がいっぱいになりました。お母さんの笑顔が久しぶりに見られました」「白いご飯がやっと食べられます」といった言葉が、そこに並ぶ。

「シングルマザーサポート団体全国協議会」は、コロナ禍に追い打ちをかけた形で起きた物価の急騰が、ひとり親と子どもに与えた影響を調べるため、二〇二二年一〇月、緊急ネット調査を実施した。有効回答数二七六七人のうち九八％がシングルマザーで、就労している人が八八％と、ほとんどが働いて生活を支えている。一つの仕事をしている人が七六％だが、二つ以上の仕事をしている人が一一％と、ダブルワークで生計を立てる例も目立つ。

こうした人々はコロナ禍の下で休業や操業短縮で打撃を受けてきたが、そこへ、物価高が到来した。「物価高のほうが新型コロナより家計への影響が大きい」と回答した人は六一％を占めた。非正規や女性は賃金が上がりにくく、最低賃金水準で働き続けてきた人も多い。一方で物価は上がり、「主食の米が買えないことがあった」は五六％、「肉や魚を買えないことがあった」は七六％、「靴や衣類を買えないことがあった」は八一％にのぼった。

自由記述欄には、「(子どもに)寒さを我慢させて体調崩されても仕事を休めない」「自治体のフードバンクに申し込んでも外れて米に困っている。中学生ともなれば四食食べます。手当が若干上がるくらいでは足りない」「学校の靴や上履きが買えず足が痛いと言っていたけど我慢して履かせてます」(就学前二人・小学生一人・高校生一人、運搬・清掃・包装等従事者、パート)、「子どもが学校で使うノートやえんぴつを買うのも遠慮をする」「必要なものなのに、大人の顔色を見て、欲しいと訴えることを我慢する。自分の家は貧乏なのだと引っ込み思案になる。お友だちとの交流も減る」(小学生一人、無職)、「給食費も上がり、学費が高いのできちんと払えてない。この間は電気が止まりました」(高校生一人・その他の学校に通学中一人、無職)、「いじめ」(就学前一人・小学生一人・中学生一人、事務職、契約社員)、「服は小さいサイズの物を着てもらっている。食べ物も「お肉を食べたい」というが買えずに我慢させている。お菓子も買えず、友達と遊ぶのも控えさせており、友達から仲間外れにされるようになってしまった」(小学生二人、事務職、パート)、といったものが並ぶ。

そうした子どもたちへの公的給付は急務だ。日本社会に根強い、子どもの扶養は世帯主の責任、という言葉は、それを覆い隠す役割を果たす。

少女たちの家庭脱出

だが、「世帯主」が何でも支えなければならない社会は、子どもたちに大きな重圧をもたらしている。

家庭は人間によって構成される。だから、人間同士の摩擦や軋轢《あつれき》、圧迫はつきものだ。緊急事態宣言などで出口を絶たれ、そうした圧迫で圧力釜のようになった家庭から守ってくれる何かを探そうとする「少女たちの家庭脱出」が、コロナ禍では脚光を浴びた。

ネット上で検索してみても、「コロナ禍　居場所ない女性たちのSOS　「死にたい」背景に家族の虐待」（NHK「首都圏ナビ」WEBリポート、二〇二一年一月七日）、「コロナ禍でSOS急増　夜の街をさまよう少女たち」（TBS、二〇二一年二月一六日放映）、「〈新型コロナ〉家にいられない少女救え　虐待悪化　外では性被害懸念」（『東京新聞』二〇二〇年四月一九日付）など、「少女」をめぐる報道は多い。

夜の街を徘徊する少女たちに声をかけ、食事を提供し、福祉支援につなぎ、少女たちの居場所づくりも目指してきた女子高生サポートセンター「Colabo」や「BONDプロジェクト」などのNPOは、コロナ禍以前から活躍を始めていたが、コロナ禍の下で、こうした組織に駆け込んでくる少女たちは大幅に増えた。

NHK「首都圏ナビ」WEBリポートによると、「BONDプロジェクト」の橘ジュン代表は、次のようにコメントしている。

「このコロナ禍だと、誰かといることはさらに難しく、本当に独りぼっちだと感じている子がいます。大変な時に、より大変な状況になる子というのは、何かあった時に身近な人に頼れず、さらに深刻な状況に追い込まれているのではないでしょうか。「死にたい」「消えたい」というのが、彼女たちが今やっと出せることばであり、一番伝えたいことばなんだろうなと思います」

こうした支援者や当事者の話を聞き歩くと、そこにも「世帯主主義」の影が見えてくる。

家庭の外に逃げ場がない

二〇二一年三月、女性が男性に気を遣わずに相談し、交流できる場所をつくろうと、「女性による女性のための相談会」の第一回目が東京都内で開かれた。男性による性暴力被害の経験者などにも配慮し、女性労働組合やユニオンのメンバー、医療関係者、弁護士、税理士、議員、ジャーナリストなど、相談に乗る側も女性だけという相談会だ。食料がもらえると聞いてこの場にやってきたのが、当時二二歳のユリだった。

父は自営業、母は専業主婦の中流家庭に育った。三歳のころから、教育熱心な母によってピアノ、バレエ、習字など隙間なく習いごとに通わされ、六歳になると、早朝に起こされて分厚いドリルを解かされた。できないと手が出た。「二人の妹たちと、今日はだれが殴られるかと毎日びくびくする」という暮らしだった。

ユリが小学三年の時、その母が病院で統合失調症と診断された。掃除や料理など、生活の基本は教えてもらえなかった。まともな食事は給食だけで、母が用意すると、何日か前に炊いたご飯と、カレーのルーを溶かさないまま水道水に浸したものだったこともあった。妹たちと近所のスーパーマーケットに出かけ、試食販売で空腹をしのいだ。父は介入せず、家に帰らない日も少なくなかった。殴られても何も感じなくなり、しばしば記憶が飛んだ。泣くことができず、外から見れば平気でいるように見えるのがつらかった。

何年も後になってから、その時を思い出して、ようやく涙が出るようになった。心理学では、過度につらい体験に遭った時、心の防衛策として体験にまつわる感情などを無意識に意識外へと切り離すことを「乖離」と呼ぶ。その「乖離」が起きていたと思う。外に出るともっと恐ろしい目に遭うのではと思うと家を出られなかった。

父が珍しく、誕生祝いのプレゼントとしてタブレット端末をくれたことがある。それを使って、中学一年のころ、インターネットを通じて異性との交際を仲介する「出会い系サイト」にアクセスしてみた。知らない男性から連絡が来た。何をするのかもわからないまま駅で待ち合わせ、公衆トイレの中で男性が求める通りのことをすると、五〇〇〇円渡された。それで菓子やパンを買い、帰宅して妹にも渡すと、妹たちは、喜んだ。

中学三年の時、学校の配布物の中に、子どもの悩み事の相談先として児童相談所のカードが入っているのを見つけた。助かるかもしれないと、ネットで場所を調べ、放課後、出向いた。だが職員は、現状をいろいろ聞いた後、「でも君はここに一人で来られているからね」と言った。どれだけ追い詰められているのかわかってくれていないと、落胆した。

高校卒業後、県外の大学に入学したのは、家を出られると思ったからだ。朝食と夕食付きで月六万八〇〇〇円の大学の女子寮に入った。寮生活で初めて友だちができ、やっと望んでいた「普通の生活」をつかめた。父は、入学金と授業料は出してくれたが、やがてそれも途絶え、奨学金とアルバイトで生活を立てた。

身を守れるようにと大学では労働法を専攻したが、バイトのため求人を探してみると、労働法以前の職場ばかりだった。「クレープを焼きながら楽しくお話ししませんか」という求人があり、行ってみるとクレープを焼く人は別にいて、男性客の横にすわって話をするキャバクラのような仕事だったこともある。

困ったのは、スーパーや販売店などの接客のバイトが難しいことだった。虐待の後遺症か、客と対応していると意識を失うことがあったからだ。警備のバイトなら現場に立っていればなんとかなると、これをつないで大学生活を続けた。

常勤の警備員と違い、学生バイトはイベントなどがあった時の臨時の警備に配置される。現場が遠くても移動時間に対する賃金や交通費は払われず、現場にいる八時間に最低賃金水準の時給を掛けた一日八五〇〇円程度にしかならない。そこへ二〇年三月からのコロナ禍が到来し、イベントが激減した。所持金は二〇〇円にまで落ち込み、寮費も払えなくなった。

卒業まであと一年。その期間をもちこたえようとインターネットで調べるなどして、若者向け自立援助ホームに相談し、ホームが安く借りてくれたアパートに一年の期限で住むことができた。

二〇二〇年四月からは緊急事態宣言下で授業がなくなり、やがてオンライン授業が始まり、対面授業はないままだったが、二一年三月に卒業はできることになった。卒業したら奨学金はなくなる。行政の生活相談に行くと「若いんだから夜の商売とかあるよね」と言われた。たまたま知り合った水商売関係の女性から、冒頭の女性相談会に行けば食料をもらえる、と聞いて出向いた。

そこで支援者につながり、初めて、「夜の商売もあるよね」が人権侵害発言だと知った。東京都内で生活保護を受けられるよう申請に同行してもらうこともできた。ところが、福祉事務所の窓口では、元の居住地で生活保護を受けるように言われた。交通費として二〇〇円渡され、これで行けるところまで行き、そこの福祉事務所から交通費をさらに受け取る形でつなぎながら戻ればいい、という。支援者の抗議でこの指示は撤回させることができ、生活保護が利用できるようになった。

「女性相談会で出逢った支援者が伴走を続けてくれたおかげでなんとか乗り切れた」とユリは振り返る。家族の生活は世帯主の責任、という社会で、公的な生活支援や住まいの確保は手薄だ。それが、すでに支える力を失った家庭にユリを縛り続け、飛び出した後も不安定な生活を生み出し、コロナ禍がそこを直撃した。

暮らしを立て直す居場所

第８波の到来が懸念され始めた二二年秋、東京都内の婦人保護施設「いずみ寮」を訪ねた。キリスト教系の社会福祉法人「ベテスダ奉仕女母の家」が一九五八年に開設し、ＤＶや性売買の被害女性など、居場所のない女性たちの生活の場となってきた。それがいま、コロナ禍の下で支援団体に助けを求めて来る女性たちの居場所となっている。

ユリのような家を出る若い女性たちに、何が起きているのか。支援者の立場から見えるものを聞いてみたいと思った。

木立の間にたたずむやさしい黄色の二階建ての寮には、一〇代から二〇代の女性二三人が暮らしていた。コロナの感染拡大でＮＰＯや行政による女性相談が強化された結果、困難を抱えていた女性たちが支援者とつながる機会が増え、安心で安全な環境のなかで自分の道を探せる居場所としてこの施設にやってくることになった。施設長の横田千代子は、こう語る。

「ここにたどり着く人たちは、「生きて」はきた。けれど、「暮らして」はこなかった」

戦争が終わり、日本の社会がまだ貧困から抜け出し切っていなかったころに子どもだった横田は、自分の生い立ちを振り返る。住んでいたのは個室も持てない小さな家で、その畳敷きの居間の片隅に、横田は学習机を置いた。机には引き出しがついていて、そこに自分の大切なものを入れておけるようになった。たまらなくうれしかった。それだけで「自分のスペース」が生まれ、豊かになった気がした。その経験から「暮らす」にこだわるようになった。

「暮らす」とは、そうした自分なりの生活を作り上げていく営みだと思う。施設にやってくる若い女性たちとつきあって感じてきたのは、そうした「暮らし方」や「生活の仕方」を知らないことだった。

横田は「施設にたどり着く若い女性たちは、共通して暴力を経験しています」と言った。日常的に親からどなられる。ある女性は、父が帰宅するといきなり一発殴るのが習慣のようになっていて、その時間に玄関の戸が開く音を聞くと体調が悪くなると話した。

食事の時間が怖いという少女も少なくない。食事中にどなられたり嫌がらせを受けたりしてきたため、うつむいてしかご飯を食べられない。きょうだいの中で、自分だけがコンビニのご飯を食べさせられるという差別体験も見られた。楽しいはずの食事の場面が苦痛でしかなかった体験は、心を歪める。料理の仕方を教えてもらったことがない、衣服をハンガーにかける方法や髪のシャンプーの仕方を知らないという女性もいた。

父からの性暴力も少なくない。

「扶養」と引き換えに管理権を委託された「世帯主」の父や、父や世間の意向に沿うため、子どもを懸命に「しつけ」ようとする母の姿が、背景に見え隠れする。家庭という密室では、これを止める監視者はいない。経済的な貧富と関係なく、それらが少女たちを抑えつける。それでも、外には安心して出ていける場所がない。だから、そこにいるしかなかった。

そんななかで家庭を脱出してきた女性たちには、まず、好きなだけ寝続けてもらうという。「自分がしたいように生きていい」という安心が戻ってくると、入居している個室のカーテン選びや好きな絵を飾るなど、自分の居場所づくりを楽しむ気持ちも芽生えてくる。そこで、本来の力がよみがえってくる。

別の職員は言う。

「とりあえず困った時におカネを稼ぐ方法は、みな結構知っている。ＳＮＳなどで性売買などの情報はあふれ、家出して街で出逢った男性と同居し、稼ぐよう強要されることも知っている。ただ、手に入れたカネで買うモノに、ヒトがどう関わっているかは知らない。それを繰り返すなかで、カネさえあれば何でも手に入るという「認知の歪《ゆが》み」が生まれてしまう。それが人への思いやりや想像力の欠如につながってしまうかもしれない。暮らしを作り出すことは、そうした認知の歪みを修正していくことでもある」

「世帯主主義」は、二つの暴力を少女たちに強いた。「扶養」を任された「世帯主」による直接的な暴力と、そこからの救済を求める少女たちを受けとめる公的な支えの場を削いでいくという間接的な暴力だ。コロナ禍で強化されたＮＰＯによる発信や相談会が、そうした少女たちに踏み出す力を与え、見えなかった暴力を白日の下にさらした。

第6章

「強制帰国」という仕掛け

新型コロナの感染拡大の下でとりわけ見えにくかったのは、外国人労働者の状況だ。もともと、「問題が起きたら強制帰国」としてセーフティネットの不備を放置されがちだったこれらの働き手が、コロナ禍で、大量に雇用打ち切りにさらされた。そのなかで真っ先に標的にされたのは、家族のケアなどで仕事を休まざるを得なかった女性の労働者たちだった。また、妊娠したら帰国、という「国境をまたいだマタハラ」とも言える仕組みの下で帰国便がストップし、中絶の選択に迫られた女性技能実習生もいた。家族のケアや出産という「人」としての機能と、「労働力」としてのみ導入される仕組みとの矛盾が、コロナ禍のなかの外国人女性を襲った。

1 「外国人切り」も女性から

子どもの発熱で休んだら解雇

「新型コロナ、地方の現場はどうなっていますか」

二〇二〇年四月、三重県の「ユニオンみえ」の書記長だった神部紅《あかい》に電話で状況を聞いた。神部は言った。「東京の人は、なんでそんなにのんびりしてるんですか。こっちは大混乱ですよ。外国人労働者がどんどんクビを切られて相談が殺到している」

神部とは記者時代、労働問題の取材で知り合った。それ以来、いつも穏やかな口調で話す神部に慣れていた。その声が珍しく切迫し、とがっていた。

東京はそのころ、コロナの感染拡大の報道のなかで店は閉じ、街は妙にしんとしていた。国も自治体も外出を控えるよう求め、みな家の中に閉じこもり、すくんでいるように見えた。だが、神部の周囲では、それどころではない状況が広がっていた。

三重県など東海地方は、トヨタ自動車系列をはじめ、製造業の下請け工場が多い。そうした工場を支えているのが、外国人技能実習生や、一九九〇年の入管法改正で、就労活動には制限のない在留資格が与えられた日系人など海外出身の労働者だ。工場は地方に偏在し、その支え手も外国出身者が多数を占める。そんな状況が、騒然とした実態を見えにくくしていた。

始まりは二月末、と神部は言う。非正規や外国人労働者も多く加入する岐阜一般労働組合の委員長から神部の携帯電話に、こんなメッセージが入った。

「岐阜では、コロナの感染拡大のなかで中国からの部品供給が止まり、仕事がないことを理由に派遣切りが始まったようです。三重ではいかがですか」

実は神部も、この時点では切迫感が薄かった。新型コロナに関わる労働相談は、まだほとんどなかったからだ。だが、三月に入ると事態は一変した。工場での感染拡大を防ぐとして、送迎バスに乗り込む段階で検温が行われ、基準を超えると降ろされる。そこで仕事はなくなり、その日の収入はゼロになる。だが、休業手当は出ない。

労働相談は普段の三倍を超え、やがて、数十人、一〇〇人規模の解雇や雇い止めが急ピッチで進み始めた。会社側はコロナ禍による景気の悪化を予測し、年度末を機に予防的に人を減らしておこうとしているように見えた。対象者には日本人の正社員もいたが、大半が外国人の派遣労働者で、特に妊娠中や子どものいる女性たちから雇い止めは始まった。

母親労働者は、一般に首切りへの抵抗力が弱い。感染防止のための休校措置や保育園の休止、子どもの発熱などがあるたびに仕事を休まざるを得ず、自身もそれを弱みに感じて抗弁しにくくなるからだ。

外国籍の労働者の場合、ここに「日本人」でないことによる偏見が加わる。地域には、労働者がウイルスを広げるという偏見が広がり、「外国人労働者にコロナ防止のための衛生教育を」と告知する自治体も出た。外国人は日本語がわからないことが多いから配慮して、という意味だったかもしれない。だが、それは「外国人は衛生観念が足りない」と名指しする効果を生んだ。疑心暗鬼を収めるはずの行政がそれを強めることになった。

たとえば、三重県内の介護施設でパートとして五年近く働いてきた四〇代のフィリピン人女性は、自身と息子の発熱で休んだことを機に、契約打ち切りを言い渡されている。この件を取材した『週刊東洋経済』(二〇二〇年四月二五日号)は、そのいきさつを次のように報じている(「「派遣切り」「雇い止め」の実態　またもや切られる外国人労働者」)。

二〇二〇年三月下旬、女性は四〇度近い発熱で二日間休んだ。出勤すると、コロナ感染者ではないかと疑う同僚たちの敵意ある視線を浴びた。施設利用者をケアする際に少しマスクを外すと、利用者からは「もし私がコロナに感染したら、どうしてくれるんだ」と怒鳴り付けられ、ショックを受けた。数日後、息子が発熱したことから仕事を休むと、経営者に「もう来なくていいから別の働き口をさがして」といきなり通告された。

それまでは、自身や子どもが熱を出しても我慢し、休まず出勤してきた。だがコロナ禍では、もし感染していたら迷惑をかけると考え、休んだ。その結果のクビだった。夫は、自動車関連の仕事をしていて、コロナ禍で、その雇用の先行きもわからない。子ども二人を抱えて不安だ、と女性は取材に対し、語っている。

家族に熱が出たらまず休んで様子をみる、という感染対策の原則を守ったことで、感染源と疑われて仕事を失う――。外での仕事に加え、家族のケアも担う外国籍女性たちの苦しさが、浮かんでくる。

妊娠告げたら解雇

一歳、八歳、一二歳の三人の子どもを抱え、四人目を妊娠中だった三八歳の日系ブラジル人女性マリアも、コロナ禍での首切りの矛先を向けられ、「ユニオンみえ」に相談にやってきた。

二〇一九年八月、日本で働こうと、夫と子どもたちとともにブラジルから来た。二度目の来日だった。一度目は一五歳の時で、一〇年間日本で働いて帰国後、結婚、出産した。だが、ブラジルでは仕事が見つからず、現地の人材会社を通じて日本での仕事を紹介された。

子連れで大丈夫かと不安だったが、日本の派遣会社が住まいを用意し、派遣先がなくなっても派遣会社が給与を保障する無期雇用の派遣だと聞かされ、三菱自動車の部品製造を行う愛知県の中小企業の工場に派遣された。

ところが来日して半年の二〇二〇年二月末、派遣会社から「派遣先の生産量が減った」として三月末での解雇を言い渡された。通知を受けた直後、派遣会社が借り上げていた住居から退去を求められ、退去しなければガスや電気を止める、という脅しめいた要求が始まった。

ブラジル人の夫も派遣労働者として働いていたが、勤め先はコロナの感染防止のためとして休業となり、時給制の収入は途絶え、非正規には休業手当も出なかった。マリアへの解雇通告は、そこへ追い打ちをかけた。

その約一か月前の二月中旬、マリアは、妊娠したと会社に報告していた。時期を考えると産休や育休の取得を避けるための雇い止めも疑われた。一方、マリアの派遣元の派遣会社は大手紙の取材に対し、「〔派遣先の〕工場の減産は二〇一九年秋から決まっていたようだ」(朝日新聞デジタル、二〇二〇年四月二〇日付)とし、マタハラが理由であることは否定している。ただ、「新型コロナもあり、会社として責任をもって(次の)仕事を紹介できない可能性もあった」(同)という答えからは、コロナ禍の先を見越した予防的契約打ち切りの姿勢がちらつく。

マリアらの所持金は底をついた。そんな状況に、相談を受けた神部らは、派遣元へ団体交渉を申し入れた。だが、「感染拡大を防ぐため団体交渉はできない」と断られた。

交渉で時間稼ぎをされ、生活ができなくなって他の仕事に移らざるを得ず、諦める例は多い。ただ、マリアは神部らの支援を受けて生活保護を申請し、とりあえず生計の安定は保った。その間、派遣元や派遣先の会社の周囲で、その対応の非人間性を街頭宣伝し、ようやく団体交渉を開かせ、住居からの追い出しはしないとの約束はとりつけたうえ、一定の生活保障も認めさせた。

母親労働者ばかりではない。同時期、妻のために育休を取りたいと会社に申請していたフィリピン人男性ホシュアからも、雇い止め通告を受けたという相談が舞い込んだ。男性の子育てに対する嫌がらせ、「パタハラ」(パタニティ・ハラスメント)だった。ホシュアは、三〇代。派遣労働者として、その三年ほど前からホンダの下請けの部品工場で働き、日本在住のフィリピン人女性と結婚した。そんなホシュアに、二〇一〇年二月下旬、派遣会社から、日本語で書かれた書類が示された。三月末の期間満了をもって雇い止めするという通知書と、これに対する「同意書」だった。雇い止めを一方的に通告しつつ「同意書」を取るというのもふしぎだ。だが、ホシュアは日本語の会話はかなりできるが、読み書きは得意ではない。日本語の書類の意味がわからないまま強く求められて署名した。

2 二つの「派遣切り」の温度差

繰り返された「派遣村」の構図

製造業をはじめとする現場の外国人労働者は、多くがマリアのような派遣労働者だ。

派遣労働は、派遣会社が働き手を雇い、「派遣元」としてこうした労働力を工場などの「派遣先」に一定期間送り出し、派遣先が派遣元に支払う派遣料から一定額を差し引いて自社の利益とし、残りを労働者に渡す仕組みだ。直接、働く先の企業の社員として契約を結んでいれば、勤め先との交渉で働くルールを守らせることもできる。だが、派遣労働者は、派遣会社と契約を結んでいるため、勤め先の企業は、労働者を必要な時だけ利用し、派遣元に差し戻すことが可能だ。派遣会社は、企業に、労使交渉の盾というサービスを提供しているとも言える。

外国人技能実習生制度についても、「実習」の期間が終われば出身地に戻すことで労使交渉を断ち切れ、企業が雇用責任から簡単に免れうるという点で、派遣労働と似た効果がある。

派遣労働の問題点は、二〇〇八年九月に起きた世界的な経済危機、リーマンショックの際には、「派遣切り」としてマスメディアでクローズアップされた。ここでは、製造業派遣として働いていた多数の働き盛りの男性が大量に雇用を失い、契約打ち切りと同時に工場の寮からも退去を命じられて、年の瀬に所持金も住まいも失った。

当時、大量首切りの動きを察知した労組や反貧困団体が、年末から〇九年初めにかけ、東京・日比谷公園に炊き出しや労働・生活相談ブースを並べたテント村を設けた。これが「年越し派遣村」として、マスメディアで大きく報じられた。政府は、テントからあふれた失業者たちが寝泊まりする場所として会場に近い厚労省の講堂を緊急開放し、テント村から大講堂へ寝具などを抱えて移動する男性たちの写真がマスメディアで大きく掲載された。

神部らが直面したコロナ禍の下での外国人労働者の大量首切りでは、この「年越し派遣村」と似た構図が繰り返された。ただ、それは「派遣村」のような大報道には発展しなかった。

見えなくさせるからくり

大手紙の記事データベースを「コロナ禍」「派遣労働」「外国人」のキーワードで検索してみると、二〇二二年一二月時点で、大手各紙ではいずれも二〇件を下回る。一方、同時点で「派遣村」を検索すると、『朝日新聞』だけで七〇〇件を超す。一〇年前の「年越し派遣村」報道との温度差が見えてくる。その理由について、毎日新聞の労働専門記者で「派遣村」報道にも中心的に関わった東海林《とうかいりん》智は、次のように振り返る。

「コロナ禍では、リーマンショックよりはるかに影響される雇用の範囲が広く、分散されたテーマを次々と追いかけねばならなかった。「派遣村」の時のように、派遣切りという特定のテーマに集中して継続的に取り上げる余裕がなかった」

これは一つの原因だろう。

ただ、もう一つ背景として考えられるのは、〇七年から約一〇年間の雇用の場としての製造業の存在感の低下ではないだろうか。製造業全体の就業者はこの間、約一〇〇万人減り、産業全体での就業者の割合も一八%から一六%に下がっている。神部らの話からもうかがえるように、多くを外国人労働者が占め、外国人技能実習生も多い。

外国人の労働者は、労働条件の改善を求めても、就労ビザが切れる時期まで交渉を引き延ばされれば帰国に追い込まれやすい。加えて、「外国人はいずれ帰国するから」という一般の思い込みも壁になり、「一家を支える働き盛りの男性の失業問題」とされた「派遣村」に比べ、関心度は下がる。マスメディアは一般人の関心事と考えられたものを報じる習性があるため、そうでない事柄は報道される度合も減り、ますます関心度は下がる。こうして、「外国人や女性」が担い手の職場での大量の仕事の喪失は、コロナ禍の大波の中に埋もれていくことになる。「女性不況」と同様の、被害の深刻さを見えなくする仕掛けが「外国人」をも取り巻き、外国人女性労働者はその二重の無関心の下で声を飲む。

そのような「外国人の労働権からの排除」のからくりを、神部らに寄せられた相談事例からもう少し拾ってみよう。

コロナ禍前の二〇一八年、大手電機メーカーの工場から雇い止め通知を受けて相談に来た約二〇人は、みな同じ派遣会社に雇われていた。その会社は、派遣先の大手メーカーの三次下請けで、同じ住所、同じ代表者名で三重県内に複数の会社を登記し、「グループ企業」と呼んでいた。外国人労働者たちは、そのひとつと一〜二か月の雇用契約を結び、契約満了前に退職届を書かされて、グループ内の別会社と同様の契約を結ぶ形で継続雇用されていた。

派遣先の企業は同一の大手メーカーだから、自社で長期に雇っている社員と同じなのだが、この方法を取れば、基本的な雇用責任を契約関係のある派遣会社に負わせ続けることができる。また、実際は長期に働き続けていても、短期に転職を繰り返す形を取らせることで派遣元の派遣会社は社会保険、雇用保険の保険料負担や有給休暇の義務も免れることができる。たとえば、雇用保険の場合、加入できるのは「所定労働時間が週二〇時間以上、三一日以上雇用が見込まれる労働者」で、有給休暇も六か月続けて働いたことが要件だからだ。これらに異議を申し立てて労使紛争が起きても、交渉を引きのばせばビザの期限が切れて在留資格を失って、帰国、という事態もありうる。短期契約が切れれば自動的に職場から排除される日本人非正規労働者と同じ事態が、国境を越えた排除、というより深刻な形で表れることになりうる。

「自己責任型コロナ対策」の歪み

「派遣村」と「コロナ禍」のもう一つの違いは、「派遣村」後の新自由主義の定着だろう。

新自由主義とは、公的機関の民営化などの市場化政策に限定されるようなものではなく、市場モデルをすべての領域と活動にあてはめるもの、とされる。そこでは人間は市場という場で利潤追求のみに専念する者、という人間観が基本とされてきた。その浸透のなかでコロナ禍では、集合的で拘束力の強い決定を政府に求めるより、それぞれの利害判断に沿って、個人単位で脅威に対応する方向が取られた、と政治学者の山崎望は述べる（宮本太郎編『自助社会を終わらせる』）。「自己責任型コロナ対策」とでも言えるものだ。日本では特に、移動の制限やロックダウンに法的な限界もあり、政府の「要請」「お願い」として、企業単位や個人単位の判断「自己統治」による対応となった、というのだ。

山崎によると、そうした対策は日本の社会に一つの境界線を引くことになる。それは、「経済的自立が可能であり、新型コロナの脅威に対して個人レベルで多様な対応策が取れる人と、経済的自立が困難で、個人レベルでの対応が難しい人々」の間に引かれる。そこでは、政府の責任によって「境界」が設定されて人々の安全を確保するのでなく、個人が「就労可能性」を高めて経済的に自立することでそれぞれの安全を確保するよう努力することが強いられる。

コロナ禍で「ステイホーム」を「お願い」された時、大手企業の正社員なら「月給制」による収入確保によって、また、資産家なら潤沢な蓄えによって、個人で対応できる。だが、時給制の非正規労働者や蓄えがさほどない中・低所得階層は持ちこたえることが難しい。

休校等助成金の支給を会社任せにされて困窮した第1章のチアキのように、「女性不況」の被害者は、ほとんどが、こちらの境界内に仕分けされる女性たちであり、また、女性たちの大半は、ここに属する。

これらを裏付けるのが、橋本健二・早稲田大学教授が二〇二一年に行った「三大都市圏調査」だ。ここでは、コロナの感染拡大で最も世帯年収が影響を受けたのは、休業を余儀なくされた自営業層を多数含む「旧中間階級」(二〇一九年より一五・六％減)と、時給制の非正規などの不安定労働者層「アンダークラス」(同一二・〇％減)だったとされている。いずれも「自己責任」でしのげる「溜め」を、コロナ前から奪われていた人々だ。

他方、同じ女性でも、「境界線の向こう側」に籠っていられる条件がある人々にとって、ステイホームは収入ゼロどころか、「自らを静かに振り返れるいい機会」「在宅ワークができて子育てがしやすい」といったプラスの記憶として残る。在宅ワークは化粧品も服も買う必要がなく、貯蓄は増えたという女性たちの声もある。コロナ対策として政府が給付金や貸しつけを増やしたことで、社会は一種のカネ余り状態となり、上がった株で増えた貯蓄を運用すれば、豊かさは増す、という構図だ。

「女性不況」や外国人労働者の大量失職の痛みは、これらの余裕層の男女にはあまり実感できず、それが「社会全体の政治課題」として受け止めることを難しくした。

ちなみに、大沢真知子・山口一男の研究（二〇二一年一月）も、新型コロナの影響下で勤め先が在宅勤務を推進している割合が、男性約二三％に対し女性は約一三％と低く、正規男性、正規女性、非正規男性、非正規女性の順となっていることを明らかにしている。この分析では、こうした男女格差の原因として、①非正規雇用者が多く勤める職場ほど在宅勤務推進割合が低く、女性が非正規の多くを占めていること、②女性に平均所得の低い職業の人が多く、平均所得が低い職業の人の職場ほど在宅勤務推進割合が低いこと、③女性の勤務先企業に従業員規模の大きい企業が比較的少なく、従業員規模の大きい企業ほど在宅勤務推進割合が高いことの三つを、仮説として挙げている。

二〇二〇年四月、当時の安倍首相が、「ステイホーム」を呼び掛けて、自宅でくつろぐ動画をツイッターに投稿し、「くつろいでいる場合ではない」と批判を浴びたのは、その動画が、このような越えがたい境界の存在を、「境界のこちら側」に見せつけてしまったからだ。

境界線の両側をつなぐ動きと「支援崩壊」

ただ、そうした境界線の「あちら」と「こちら」をメディアなどの情報発信がつなぐことで、一つの「共助」や連帯が生まれうることも、コロナ禍は示した。

貧困問題の解決に取り組む「反貧困ネットワーク」や、住宅支援を行う「つくろい東京ファンド」などのNPOは二〇二〇年三月、新型コロナで仕事を絶たれ、生活苦に追い込まれた人々の急増に対応するため、「新型コロナ災害緊急アクション」を結成した。そこには民間からの多額の寄付や助成金が寄せられ、「緊急アクション」は四月から「緊急ささえあい基金」を設け、コロナ禍による困窮者への現金給付などの支援活動が始まった。

境界の「あちら側」が、困窮者の急増を報道やSNSで知り、特別定額給付金などの寄付を通じて境界の「こちら側」を援助した成果だった。

「こちら側」の多数を占めたのが、外国籍の人々や、女性をはじめとする非正規で働く人々だった。いずれも、非正規労働の増加や外国人に対する社会的排除、マタハラなど女性の妊娠子育ての職場からの排除といったコロナ前からの社会の仕組みによって、「自己責任」「自己統治」で解決しようにも、あらかじめその基盤を削がれていた人たちだ。その意味で、「緊急アクション」が公表した二〇年四月から二一年四月までの基金の「給付実績のご報告」で、支出先として最も多かったのが、「外国人への給付」であり、特に目立ったのが、仮放免者などの住民登録のない外国人男女と子どもの困窮だった。

仮放免とは、ビザの期限が切れるなどして在留資格を失い、出入国在留管理庁の収容施設に収容されていた人々が、国外退去までの間、収容所の外で暮らすことが認められる仕組みだ。退去待ちとされているため、原則、就労が禁止され、住民登録もできないため福祉制度が利用できない。そのため、家族、コミュニティ、支援団体、宗教施設などの支援を受けて生活していることが多いが、コロナ禍の影響を受けてこれも難しくなり、さらに追い込まれていた。だが、こうした市民団体による「共助」にも限界があった。増える困窮者に、カネの提供だけでは人手が追いつかず、救援者が疲れ果てて動けなくなる「支援崩壊」(「つくろい東京ファンド」代表理事の稲葉剛)が始まったからだ。

緊急時を民間による「共助」でしのぎ、その間に政治による「公助」が態勢を整えてそれを引き継ぐという正攻法の動きを、第2章で触れたような「小さな政府」は作り出すことができず、「共助」を担わされ続けた支援者たちは、失速寸前の状態を押して懸命に救援を続けるしかなかった。「自己責任型コロナ対策」は、コロナ後に、こうした大きな課題を残した。だが、その失敗は、いまだに私たちに十分には共有されていない。

3 「入れ替え装置」に挑む

「妊娠したら帰国」という「常識」

これらの歪みは、外国人技能実習生の妊娠をめぐっても深刻な形で表れることになった。技能実習生は、「実習」が終われば帰国、という建前だ。実際は、貴重な現場労働力なのだが、労働条件への異議申し立てによる紛争など、ことが起きると、「就労意欲を失った」といった一方的な理由で「実習」を打ち切り、帰国させる事件が横行している。こうした構造に、日本の女性の壁にもなってきた妊娠・出産の排除(第4章参照)が重なり、コロナ禍前から、実習生の世界では、妊娠すれば帰国という「国際的なマタハラ」とも言える事態が、広く知られてきたからだ。

東京に本社を置く中堅電子機器メーカーの工場で、防災関連機器の製造にあたっていた二二歳のベトナム人技能実習生フエは二〇年九月、体の変調に気づいた。妊娠だった。

父母を支えようと一七年、来日し、永住資格を持って日本に定住しているベトナム人男性と知り合った。赤ちゃんができたことはうれしかった。だが、同時に「仕事を続けられないかもしれない」という不安が頭をもたげた。在留資格は実習のためとされており、「妊娠したら出身国へ送還」は実習生の間では常識になっていた。

渡航費は父母が近所から借金して捻出してくれた。働けなくなったらこれを返せない。多くの女性実習生は、いったん帰国して出産している。自分も郷里で出産し、父母に子どもを預けて再来日し、実習を再開しようと思った。

そこへ、コロナ禍が立ちはだかった。感染拡大を防ぐためベトナム政府が二〇年三月から入国制限を始め、航空機の定期運航便は停止されていたからだ。

悩んだ末、相手の男性と相談し、その実家の協力で日本で出産し、コロナ禍が落ち着いて一時帰国できるまでしのぐ案に落ち着いた。思い切って会社に相談すると、快く了解してくれた。

上司は「彼女の希望をかなえたいという思いと同時に、企業としての合理的な経営判断もあった」と話す。現場の仕事を敬遠する日本人が増えたが、そうした仕事を担う優秀な人材は戦力としてぜひ引き留めたい。同社はベトナムにも工場があり、彼女を支えることは現地での会社の評価も高めることにつながる。その評価によって、IT関係も含むベトナムの優秀な人材をもっと採用できるかもしれない。

「少子高齢化社会では、社会の一員として長期に働く外国人労働者こそ必要だ。そのためには安心して出産できる態勢は重要」と上司は説明する。

会社は技能実習計画の認定などを担当する「外国人技能実習機構」の助言に沿って、「技能実習実施困難時届出書」を出し、女性は法定に沿って産休をとった。二一年三月、女の子を出産、一年間の育休も認められて相手の男性の祖母の家での赤ちゃんとの暮らしが始まった。

前向きの会社に、国が待った

だが、そんな順調だった生活に、国が立ちはだかる形になった。

育休中の二〇二一年九月の在留資格（技能実習）の期限がやってきた。それに先立って、会社は八月、更新手続きに入っていた。ところが、東京出入国在留管理局は、帰国待機のための「特定活動（就労不可）」の在留資格しか認められないという。「特定活動（就労可能）」のビザもあるが、「技能実習実施困難時届出書」が出ているため実習はできないはず、だから帰国待機の就労不可の在留資格しか出せないとの理屈だった。

「実習実施困難」とは言っても、出産は病気やケガとは違う。コロナ禍で二〇年三月から定期運航便がストップし、帰国の見通しが立たないなか、実習が再開できなければ育休後の生計も立てられない。

労働局に相談したが「労働基準監督署は雇用継続が可能な場合の機関であり、在留資格による雇用継続の可否については回答できない。入管に確認してほしい」と言われた。困った会社側は、実習生との紛争解決の際に知り合った「全統一労働組合」(全統一)に相談した。外国人も加入でき、そうした紛争に詳しい労組だ。その仲介で阿部知子衆議院議員も立ち合い、法務省、厚労省との話し合いが行われた。その結果「技能実習を再開できない理由はない」と法務省は認めた。

まず、フルタイムで就労できる「特定活動(就労可能)」で在留資格を更新し、改めて「技能実習計画書」を外国人技能実習機構に提出し、許可されたら在留資格を「技能実習」に変更し、特定活動として働いた期間も技能実習を実施したものとしてさかのぼって認めることになった。

だが、「こうした解決例は、まだ多くはない」と全統一の佐々木史朗書記長は言う。実習生は定住を想定しない一時的なものという建前がある。実習生の四割以上は女性(図6-1)なのに、この建前のため、妊娠や出産は原則として想定されていなかったからだ。

佐々木が扱った事例では、実習生の送り出し機関や企業の多くが、契約書や口頭で妊娠しないよう求めている。その結果、非難や送還を恐れ、だれにも相談できないまま追い詰められる女性実習生は多い。

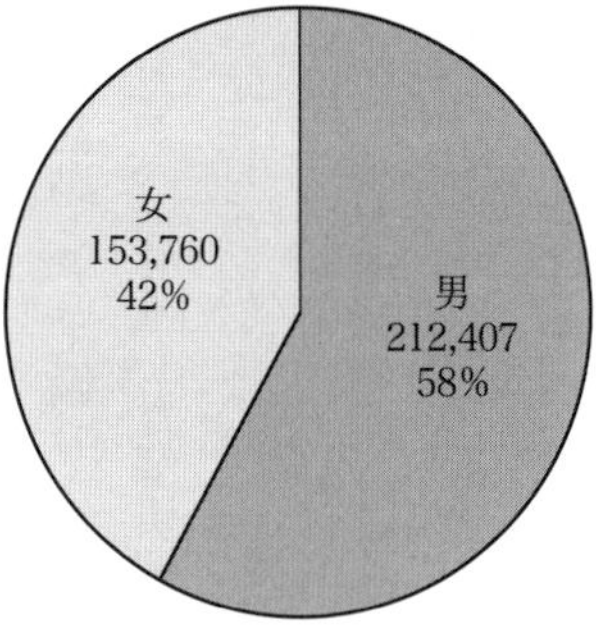

（出所）外国人技能実習機構「技能実習計画認定件数」2019年より．

図6-1　外国人技能実習生の男女比（件数）

二〇一九年一月には、当時二二歳の中国人技能実習生の女性が、神奈川県川崎市で、生まれたばかりの男の子を民家敷地に放置したとして保護責任者遺棄罪に問われ、懲役一年六か月、執行猶予四年の有罪判決を受けた。こうした事件をめぐっての批判が高まり、同年、法務省は、男女雇用機会均等法第九条（婚姻、妊娠、出産等を理由とする不利益取扱いの禁止）が外国人技能実習生にも適用されるとする通達を出した。だが、二〇年一一月にも、広島県東広島市で乳児の遺体が見つかり、産んで間もない子の遺体を遺棄したとの容疑で当時二六歳のベトナム人技能実習生が逮捕された。

ジャーナリストで移住労働者問題の研究者の巣内尚子は、二〇二〇年五月から六月、オンラインアンケートを行い、在日ベトナム人七七人（女性四二人、男性三五人）から回答を得た（巣内尚子「ベトナム人女性技能実習生と妊娠をめぐる課題」）。ここでも、契約書に妊娠を禁じるとあったためそのことを会社に告げられず、大使館による帰国チャーター便は希望者が多くてなかなか順番が回って来ず、出産の日が近づいて追い詰められている、という妊娠実習生の声があった。

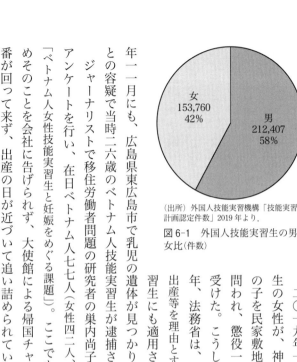

「取り替えれば済む」という安易さ

これらの通達が十分に機能しないのは、ネットなどを通じ「妊娠したら帰国させられる」という体験が実習生たちの間で情報として出回っているからだ。二〇二二年一二月二三日、出入国在留管理庁、厚生労働省、外国人技能実習機構が連名で技能実習生の受け入れや企業へのあっせんを行う監理団体などに向けて出した「技能実習生の妊娠・出産に関する制度の更なる周知と不適正な取扱いの確認について(注意喚起)」とする通知では、「出産のための休暇制度、妊娠に係る相談窓口や出産一時金の制度、帰国後に再入国して実習が可能であることについては、説明を受けて知っている者の割合がいずれも三〜四割」などとする実態調査を発表し、実習生への情報の周知と更なる取り組みを求めている。

だがそれ以上に、短期で送り返す働き手の入れ替え制度とも言えるものが邪魔して息長い滞在ができず、労組や当事者が権利を守るためのネットワークなどを作りにくいことは大きい。それが、「面倒なら取り換えれば済むこと」という企業の安易な姿勢を誘い、「よい働き手を育てて事業を発展させる」というプラスの合理性が働きにくくなっている。

「定期的な入れ替え」で労働力だけを利用しようとする手法は、第二次安倍政権下の一五年、

「女性活躍」を支える家事サービス要員として「家事支援人材」の名で導入された外国人家事労働者でも、踏襲されている。契約期間は当初の上限三年から五年に延長されたが、異議申し立てすれば送還の恐れがあることは変わらない。働く場所は「国家戦略特区」という指定地域に限られ、職種も「家事」に限定されているため、転職先探しは至難の業だ。

二〇二〇年暮れ、東京で労組や反貧困団体がコロナ被害者の救援のために開いた「年越し支援・コロナ被害相談村」に、フィリピン人の「家事支援人材」の女性が駆け込んだ。大手医療介護人材派遣会社「ニチイ学館」から雇い止めに遭い、在留資格で職種や働く場所が制限されているため働けず、駆け込んだ時の所持金は一〇〇〇円しかなかった。

まるで「労働者ロンダリング」

そんななかで、コロナ禍のなかの外国籍労働者の大量解雇に、労組を結成して対抗する女性たちも登場し始めている。

二〇二〇年七月。東京に多数のホテルを展開するホテルチェーン「ピードアグループ」の清掃労働者、長谷川ロウェナは、他のフィリピン人労働者ら約四〇人と、全統一に加入した。長谷川は五〇代。一九八〇年代に来日し、スナックや居酒屋の従業員、パブの経営などを経て今の仕事に入った。新型コロナの拡大前には、日給九〇〇〇円で週五〜六日のフルタイムという最低賃金水準で働いてきた。繁忙期にも人員は増やされず、一日一五時間以上働いて帰ったら寝るだけ、という日も少なくなかった。

二〇二〇年三月からのコロナの感染拡大で客が減り、シフトは週一日に激減した。以前は七〇〜八〇室を五人一組で掃除していたが、それも三人一組に減らされ、残業代の節約のためか、監視カメラがつけられて定時に終わらせるよう急かされ、過重労働でひざを壊す同僚も出た。

子どもがいる人も郷里に仕送りする人もいる。週一日のシフトでは生活できない。コロナによる休業には手当が出るとニュースで知ったが、会社は申請してくれなかった。労働局で「個人では手続きが大変なので労組の支援を受けては」と助言され、全統一労組に駆け込んだ。

長谷川は日本人と結婚し、配偶者ビザを経て、現在は永住者ビザを持つ。それでも、外国人女性が働ける場は限られる。そんななかで清掃労働は女性も入職しやすく、厳しい労働条件でも働けるだけでありがたいと思っていた。だが、労組とつながって初めて残業代や有給休暇の権利を知った。「日本語の不十分さと外国人女性の仕事の少なさに付け込まれ、モノのように使われていた」と気づいた。

これらの権利を回復しようと、二〇年一〇月、ピードアに全統一の「分会」として労組が結成された。清掃という仕事は女性が多く、組合員の大半は女性だ。長谷川は分会長を引き受けた。会社は交渉を拒否し、二一年一月には三〇〇人ほどの全従業員に解雇を通告した。その結果、労組は約六〇人に膨らみ、同年七月、長谷川らは残業代の返還や雇用継続の確認などを求めて東京地裁に提訴した。

同分会を担当する全統一の坂本啓太は言う。「労働法違反が発覚し当事者が声を上げると会社側は解雇し、別会社をつくる。これを通じて当事者とは違う国の出身者を大量に雇用し、何食わぬ顔でホテルは営業を続ける。これはマネーロンダリングならぬ労働法逃れの「労働者ロンダリング」だ」。二〇二三年二月、東京地裁は、長谷川らの言い分を認め、解雇無効、解雇日から判決日までの賃金の支払い、未払い残業代の支払いを会社に言い渡した。外国人労働者は取り換えれば済む、という安易な姿勢の転換を迫る判断だった。

「送還」という労働の入れ替え装置と言葉の壁、女性の立場の弱さの三重の枷《かせ》が、外国人女性労働者の沈黙を生む。そうした沈黙の労働者の増大が、コロナ禍のなかの紛争を見えにくくし、過酷にもした。だが同時に、その過酷化は当事者たちの反発力をも生みつつある。外国人労働力の活用が進むなか、その綱引きの行方は働き手全体の賃上げ圧力を高め、私たちの労働市場の行方も決める。

第7章

新しい女性労働運動の静かな高揚

「女性不況」をたどるなかで見えてきたのは、ことが起きても、そのたびに女性たちを、一見、「自発的に」沈黙させてしまう複数の「仕掛け」の存在だった。コロナ禍は、多くの女性たちを極限まで追い詰め、「夫セーフティネットを使え」「労働移動すれば何とかなるはず」とする「仕掛け」が公的な支援を阻んでいた。だが、二〇二二年冬、各章に登場した女性たちを再び訪ね歩いた私は、思わぬものを発見した。それは、「気の毒なコロナ禍被害者」ではなく、過酷な状況に直面しているにもかかわらず、それを見えなくさせてしまう「仕掛け」の存在に初めて気づき、これを押し返して生き延びるしかないと思い定めた女性たちの姿だった。極限を体験した女性たちの静かで新しい女性労働運動の高揚期とでも言えるものが、そこにあった。

1 「夫」の外にセーフティネットを作る

札幌の訴えが生んだ個人申請の休校補償

二〇二二年も押し詰まった一二月、第1章に登場したチアキとようやく連絡を取ることができた。チアキは二一年二月七日、子どもの一斉休校措置で働けなくなった時、会社ではなく個人で申請できる休校補償を求めて「子育て緊急事態宣言」を発した二児の母だ。札幌の街頭で一人マイクを握り、通行人たちに呼びかけた「宣言」のその後を聞きたくて、私は何度かチアキに取材を申し入れていた。

だが、断続的に襲って来るコロナの感染拡大のなかで、一斉休校措置で雇い止めされた後のチアキからは、そのつど、取材を受ける時間が取れないという返事が来た。幼い娘の重病、利用者の依頼次第で断続的にしか仕事が来ない清掃代行サービス会社のシフト労働、その合間を縫っての自宅での細々としたアクセサリーのネット販売、といったコマ切れ労働のかけもちに追われ続け、「取材」のことなど考える余裕はなかったのだった。そこからは、不安定な非正規労働が、どのように女性たちの発言を封じていくのかが、浮かび上がってくる。

二〇二二年、そんなチアキらに転機が来た。大手メーカー専属の個人事業者として無理な納期を押し付けられ、パワハラめいた発言にも悩んでいた夫が、まともな納期の会社と委託契約を結ぶことができた。同年七月、チアキも、夫の会社で一日七時間、週四日の事務パートとして定期的な収入が見込める職を得ることができ、清掃サービスの不安定労働から抜け出した。

転職先の会社は、コロナ休校や子どもの体調不良の時は休んでも大丈夫と言ってくれた。忙しいなりに取材を受ける気持ちの余裕ができ、やっと実現した電話取材を通じて、二一年二月の「宣言」が、驚くような発展を遂げていたことが見えてきた。
この宣言の中で、チアキは「#子育て緊急事態宣言」を掲げたツイッターデモを三月一日から始めようと呼びかけ、次のような息子とのやりとりを披露していた。

企業の申請を通じて支給される「休校等助成金」が申請されないまま期限が近づき、あきらめかけた時、七歳の息子が言った。「ママ、好きだった仕事オレのせいでやめたんだよね……ごめんね」。あきらめたら息子は自分のせいと思い続ける、息子のせいではない、子育てしながらでも安心して働ける仕組みの不備のせいなんだ、と子どもに伝えたい。だからあきらめない、と思い直した。

チアキを支援する「さっぽろ青年ユニオン」委員長の岩崎が、その日のうちにこの呼びかけの動画をユーチューブにアップした。「あなたのせいではないと息子に伝えたい」というチアキの訴えは共感を呼び、ツイッターデモの参加者は、瞬く間に当初の目標の一万人を超えた。道内の他市や他県の母親グループがこれに連動し、与野党の女性国会議員も協力を約束した。
三月四日、ＮＨＫが「政府が個人申請を可能とする方針を固めた」と報道し、同月二六日、個人申請の運用がスタートした。コロナ禍限定の特例措置ではあったが、「札幌発」の働く父母たちのセーフティネットの登場だった。

「さっぽろ青年ユニオン」執行委員の更科ひかりは、母親たちは、子育ては自己責任と言われ続け、子どもの面倒くらい自分で見るのが義務、できない自分が悪い、と自らを責める、と言う。そのつらさが、できない他の母親を責める思いに転化し、母親同士の分断を生んできた。「だからこそ、休めない母の思いを丁寧に聞き、休まざるを得ない母の思いを丁寧に説明する。会社を責めるだけでなく、会社が助成金を申請しにくい環境を変える。そんな「当たり前」を積み重ねる運動が必要なのだと、改めて実感した」。

「一斉休校」から二年。三〇歳になったチアキは、当時の自分を次のように振り返る。

「コロナ禍で自分が大変な目に遭うまで、社会には無関心だった。ニュースを見ても、それは自分のことじゃないっていうか。いつ切られるかわからない短期契約と、休んだら無給の時給制の仕事、待ったなしの子育て。そうしたことに追われるばかりで、世の中のことなんか見ているひまがなかった。でも、あのとき思ったんです。その結果こうなったんだって。この国は、政策によって引き起こされたことでも私たちの自己犠牲と自己責任で解決させようとするんだって。でも、私たちは納税者なんですよね。子育てって、未来の納税者を育てているんですよね。政治はその税金でなんとかなっているのに、なぜ母親たちは、こんなに大事にされないのか。それをわかってもらいたかった」

会社頼みの休校等助成金から働き手が自分で申請できる制度への一歩を切り拓いたものの、チアキが受け取ることができた補償は、わずか三万円だった。ただ、それさえ利用できない人は多い。申請は個人でできても、「コロナ禍が理由で休んだ」という会社の証明が必要とされたからだ。働く母たちをコロナ後も支える何かが必要だ、と思った。生活費の補助にと月一回程度、仕事を提供してくれていたユニオンを拠点に、できることを考えた。そしていま、子育て支援NPOと連携し、ここに寄せられる女性の悩みを労働問題の角度から解決する枠組みを作ろうと、チアキは走り出している。

2 実態に合ったルールを作る

厚労省の「留意事項」の背中押す

コロナ禍のなかで、自らの働き方の実態に合った新しいルールを生み出した女性たちもいる。

二〇二二年二月一八日、第1章で、大手外食企業が経営するカフェのパートとしてシフト労働制を通じた休業手当の大きな格差に直面したエリカは、東京都内で自らの裁判の支援集会「パート・アルバイトは家計補助？　非正規女性への差別をやっつけよう！　シンポジウム」を開いた。エリカが感じてきたのは、幾重もの差別を利用したと思われる人件費削減策への怒りだった。

まず、会社を支える九割もの働き手に対し「非正規」として休業補償を行わない非正規差別。次に、「家計補助」だから困らないはずとしてそれを正当化する女性・若者差別。そして、正社員になれないのは長時間働けない人の自己責任、とする労働時間差別。子育てを抱える女性の多くは、この理屈で抵抗を封じられる。そして、そこを押して交渉に入ったエリカらに、会社側は「カネをくれと言えばもらえると思うのは甘え」という言葉を投げつけ、調停を申し立てても出てこない。声を上げるまでは知らなかった、働く人への蔑視だった。

シフト制による「実質的失業者」は一〇〇万人もいるというシンクタンクの試算は報道で知った。それらの人たちを背負うような思いで、エリカは参加者に語りかけた。

「これまでの私は、何か思うことがあっても「仕方ない」と諦め、声の上げ方すら知りませんでした。ですが、コロナ禍で本当にそれでいいのだろうかと思うようになりました。いまの会社には、これまでの数年間、精一杯の時間を捻出し、精一杯の労力を費やし、売り上げにも貢献してきたという自負があります。そんななか、正社員ではないから、非正規だからと真っ先に切り捨てるということにはどうしても納得がいかず、闘い続ける道を選びました」

エリカが突破しようとしていたのは、「あの人たちは安くて構わない人たち」とレッテルを貼れば仕事内容を考慮せず、手軽に低賃金を実現できる、「最強で最悪の賃下げ装置としての差別」の壁だった。

同じく第1章で、シフト制訴訟第一号として勤め先の写真スタジオを提訴した大阪のレイコは、提訴から約一年三か月たった二一年二月、シフトを元の週三日に戻させた。二二年三月には、画期的な内容の和解にこぎつけ、今も同じ職場で元気に働き続けている。

二〇二二年五月一五日付の「民主法律協会」ホームページによると、和解には、①今後の契約内容(勤務日数が概ね週三日、月一三日であること)の確認、②勤務日数変更の必要性が生じた場合に誠実に協議すること、③解決金の支払い(解決金の金額については口外禁止)、④訴訟提起等を理由とする不利益取扱いの禁止及び職場環境への配慮など、シフト制労務管理を改善させるためのカギがいくつも盛り込まれている。

代理人の冨田真平弁護士はホームページで、その意義を次のように評価した。

「コロナ禍において補償なき一方的なシフトカットがあちこちで横行し、シフト制の問題が顕在化した。時給制で働く労働者にとってシフトを減らされることはダイレクトに収入の減少につながるもので、労働者の生活を脅かすものである」「〔原告は〕在職しながらシフトを回復するとともに、今後勤務日数の変更が生じた場合に誠実に協議することを約束させ、解決金を支払わせるという勝利的な解決ができたことは、今後の一方的なシフトカットに歯止めをかけるものであり、大きな意義を有する」「本件はコロナ対応の場面における非正規労働者に対する不合理な差別を許さず、均等待遇を実現するための闘いでもあり、この点でも重要な意義を有する」

労働団体やユニオンのオンライン集会、シフト制労働者へのアンケートの結果も背中を押し、一連の提訴は、第1章でも述べたように、二二年一月、厚労省の「いわゆる「シフト制」により就業する労働者の適切な雇用管理を行うための留意事項」につながっていく。ここでは、労働条件を明示し、労働者が希望すれば労働の最低日数などを決めてここに明記することや、労働基準法に即した休憩や休暇、有給休暇、安全教育や健康診断の義務などが盛り込まれている。先述したように、その目的については「労働紛争が発生することを未然に防止するため」という会社の円滑な運営に力点があり、労働者の人権の救済が必ずしも主眼とされてはいない。とはいえ、パート女性たちの反乱は、シフト制の不適切な運用を食い止めるルール作りの背中を強く押した。

公務員労組の三三条キャンペーン

政府や自治体の感染対策の不備の最後の防衛ラインとして、「泣きそうになりながら働いていた」というチエら保健師の実態は、第2章で述べたように、大阪府関係職員労働組合が主導した「保健所職員増やして」オンライン署名によって拡散され、全国から支援が寄せられた。そんな社会の後押しは、「小さな政府」路線のなかで容易に動かなかった職員の増員を実現させた。

こうした動きは、労働基準法第三三条の見直し要求という形でも広がっていく。

二〇二二年五月一五日、大阪府関係職員労働組合、京都府職員労働組合連合、京都市職員労働組合が共同で「いのち守る三三キャンペーン署名スタート集会」をオンライン形式で開いた。全国から、保健師などの自治体で働く職員や市民などが参加した。

労基法三三条では、一項で、一般の労働者について、「災害その他避けることのできない事由」によって臨時の必要がある場合に、また三項で「公務のために臨時の必要がある場合」に、労使協定なしで時間外労働や休日出勤を命じることができる、とある。

実は、一項は「必要の限度」内に限られ、三項も「臨時」の場合に限ったものだ。コロナの感染拡大が始まってから二年も業務の増大に人手が追いつかない状態を放置し、「いつまで続くのか見通しが立たない」と現場を嘆かせるような措置は、こうした文言に反しているのではないか。しかも保健師は、三項の除外職種の中に含まれているのだ。

だが、コロナ禍の下では、「公務員なら災害時は残業や休日労働はＯＫ」として、青天井に近い残業を放置する状況が相次いだ。こうした事態にたまりかね、三三条に基づいて発令される時間外勤務に上限規制を設定すること、総務省に自治体職員増員のための財政措置をさせること、などがキャンペーンの目標となった。

五月の集会では京都市職労の永戸有子・中央執行委員長が、退職した保健師について「一年間、残業時間は月一〇〇時間は当たり前で、二〇〇時間を超える時もあり、いつ死んでもおかしくないと思っていたこと、朝ちゃんと目が覚めるかと不安になりながら寝る毎日だったことを聞き、頭を殴られるような思いだった」とスピーチした。「市民のために働きたいと京都市に就職した彼女が「死ぬか辞めるか」と悩み、退職を選ばざるをえなかった状況を変えたい」

三三条の見直しは、まだ途上だ。だが、公務なら、ケア労働なら、住民への奉仕のために無際限な犠牲は当然、とするケア労働者軽視の姿勢が、労組の重要な解決課題として顕在化されたことを、キャンペーンは示している。

コロナ禍は、このように、女性や非正規の実態に見合ったルール作りが放置され、その犠牲によってかろうじて維持されてきた日本社会の素顔を浮かび上がらせた。だが同時に、これでは生きていけないと動き出す女性たちを続出させ、女性の実態に即した働き方作りへの動きを生み出した。

振り返ると、それらは取材のなかで何度も顔をのぞかせていたのだった。だが私は、「女性=被害者」という構図だけに気を取られ、女性たちの主体的な仕組み作りの兆候を見すごしてしまっていた。

たとえば、第3章の「「自由な働き方」という仕掛け」で紹介したフリーランス女性によるセクハラ・パワハラ訴訟はその一つだ。ここでは、自社の社員ではないから責任を取る必要がないとされてきたフリーランスへのセクハラが会社側の安全配慮義務違反とされたばかりか、フリーランスへの報酬支払いを正当な理由なく拒むことが、「嫌がらせによって経済的不利益を与えるパワハラ行為」と認定された。これは、社員への賃金の未払いを禁じた労基法の外に置かれたフリーランスの報酬未払いに、男性も含めた重要な歯止めを生み出したことになる。

コロナ禍の下での一人のフリーランス女性の懸命の押し返しの大きな成果だ。

3 「よい労働移動」を目指して

非正規公務から民間シェルターへ

第4章で触れた「労働移動」へ向けた資格取得の推進をはじめとする自己責任型政策を乗り越え、「よい労働移動」を目指す女性たちの動きも出ている。

第2章では、コロナ禍の下で疲弊し、自治体のDV相談員を辞め、東京に出た藍野の決断を紹介した。藍野は、DV被害者の支援のために熟練を重ね、よりよい支援のためにとさまざまな資格を取って「スキルの向上」も図ってきた。だが、二〇二〇年度から新設された一年有期の「会計年度任用職員」制度の下で、不安定な短期雇用が合法化され、生計の維持が危ぶまれる低待遇が固定化され、心が折れるような思いで転職に踏み切った。

二〇二二年暮れ、その藍野は、東京都内の困窮女性の居場所としての民間施設で元気に働いていた。コロナ禍による困窮者の支援にあたるNPOの招きで東京に出た藍野は二一年、この施設に転職し、コロナ禍の下で家を出て来た若い女性たちの支援にかかわっていた。

自治体のDV支援では、市職員たちとの連携は良好でやりがいもあった。そんな行政での相談員経験は、児童相談所などのさまざまな行政機関や弁護士などと連携した支援スキルを身に付ける得難い機会になったと藍野は思う。とはいえ男性が多数を占める市の意思決定機構の下で女性支援は周辺的位置に置かれ、その結果、予算は労働の負担度とかけ離れ、培ったスキルも生活の安定にはつながらなかった。第4章で述べた日本の「骨太の方針2022」の「労働移動」政策での「スキルアップ」「生産性の高い産業への移動」の限界である。

スキルや熟練で待遇が決まるとは限らず、賃金を左右する「昇格」や「成果」は上司の思惑に大きく影響される仕組みになっており、女性のスキルアップは女ならだれでもできることとして低く見積もられ、「やりがいの搾取」に終わりかねない。「生産性の高い産業への移動による解決」も本当に実現すると「ケア的な労働」に残る人は激減する。なぜなら、これら人間の生に不可欠な仕事は、高い利益や生産性より人の幸福の向上を目標にしている。「生産性」を求めて移動する人が続出すれば、この分野は人手不足になりかねないからだ。

だからこそ、これらの分野は、税金という利益に関わらない資金の投入で支える仕組みを取ってきた。そうした知恵がいまの自治体で失われつつあることが、かつての藍野の窮乏を生んだ。

一方、藍野の今の職場は、スタッフたちが協力し、女性支援という目的の達成を軸に働き方や待遇を話し合い、改善している。実際に業務にあたる人々が運営の中心に置かれているため、労働条件を守ることがよい支援の基本、という考え方が運営費の使い方に反映されやすい。「労働移動」や「生産性」の前に、まず業務を担う人たちの労働権と自己決定権の尊重だ、と、藍野は日々痛感している。

こうした職場にめぐりあえたのは、DVシェルターなどに関わる民間団体がつくるNPO法人「全国女性シェルターネット」による交流の会などを通じて県境を越えた人脈があり、女性支援を理解している人々に転職相談できる回路があったからだ。

藍野の体験は、「よい労働移動」には、①女性の実態に即した法律、②それに基づく人権のために必要な分野へのまともな公的予算、③正規・非正規や性別を超えた仕事の価値を正当に評価するシステム、④そうした仕組みを支える人々のネットワークが必須であることを、教えてくれる。

五〇代で正社員に……でも限界

「労働移動」政策のなかの「正社員化」に限界を感じているのは、五〇代のヨウコだ。国際結婚したが、四〇代だった二〇一一年、子ども二人を連れて帰国、一四年に正式に離婚が成立した。

帰国後、地方の実家で、当時小学生だった子どもたちとの生活を始めた。子どものため、土日は休めて収入も安定したフルタイムの仕事を探したが、子連れ女性にハードルは高かった。女性が就職しやすいと言われるスーパーのパートは土日も勤務があり、時給は最低賃金水準で生活費には足りない。テーマパークでもバイトをし、ダブルワークで不足を補った。

二〇一九年、子どもの進学希望をかなえるため東京に移った。驚いたのは、女性の求人が多様で数が多いこと、シングルマザー支援が充実していることだった。家賃が払え、子どもとの生活を支えるには、失業した時に支えになる雇用保険に入りやすく、安定収入のための無期雇用が保障される正社員になることだと考えた。

これを条件にマザーズハローワークや求人誌で仕事を探し、不動産会社の正社員として採用されることになった。だが、サービス残業が多く、月収は手取りで月二〇万円程度だった。期待とは異なる「名ばかり正社員」である。

生活が立てられず、転職した先は、成長産業で求人も多いからとハローワークで勧められたＩＴの会社だった。面接で正社員を希望すると、フリーランスの業務委託ではどうかと言われた。自由なイメージがあって、了承した。だが、三か月後の二〇年春、コロナの感染が広がり始めると、フリーランスから先に契約を切られた。

ネットで探した任期付きの国家公務員にも応募し、採用されたが、七か月で任期が終わった。委託や非正規の不安定さを思い知り、やはり正社員になろうと再びマザーズハローワークに通った。シングルマザーの就労支援を行っているNPO法人「キッズドア」や「しんぐるまざあず・ふぉーらむ」にも支援を求めた。

これらの団体では、小さい子がいれば面接中に預かってくれ、就活用スーツも貸し出してくれる。コロナ禍で失業し、食料に困ったひとり親たちには食料配給もあった。求職中、特別定額給付金や緊急小口資金、住宅確保給付金など政府の支援情報も教えられ、利用できる制度はすべて利用した。

その就職支援講習で教えられたのが、「自分のいいところを探してアピールする」ということだった。ヨウコは親から自分の欠点を反省して謙虚な態度をとることが女性の美徳と言われてきた世代だ。そうした習性を転換し、たとえば「一人で抱え込みがち」という特性は「コツコツと自分の責任で仕事をこなしていける」とポジティブに表現し直すことができると知った。

こうしてヨウコは二一年、五〇代半ばで外資系の大手会計事務所に正社員として就職することができた。月三〇時間の固定残業代制度ではあるが、月収は手取りで二五万円程度と、これまでより高い水準だった。ところが二二年、いきなり「業務のやり方に問題がある」として解雇を言い渡された。「何か悪いことをしたのか」と聞いても具体的な説明はなく、六月に退職した。ボーナスを払う前に社員数を減らしたかったのかと思った。

相談したユニオンで、外資系でよく使われる「業務改善プログラム」という方法ではないかと言われた。整理したい社員に対し、特に問題がなくても業務内容を改善するよう求め、改善がされないとしてクビにするやり方だ。

ヨウコはめげなかった。支援団体とつながったことで、仕事が見つからないのは必ずしも自分だけに責任があるわけではないと考えられるようになったからだ。ハローワークで小さなアパレル会社の正社員を紹介され、そこで働き始めた。二二年冬に取材で出会った時、ヨウコはこの会社で働いていた。手取り月二一万円に手当がつく収入は、高いとは言えない。だが、自分の業務が終わったら帰っていいという自由な気風が気に入っていた。

就職支援の担当者たちから五〇代半ばでこれだけ正社員転職を繰り返してきたのは最年長記録？と言われると笑いながら、ヨウコは言う。「女性たちは四〇代、五〇代になったらパートしかないと思い込まされているのでは。でも、正社員になれると思い、なりたいと意思表示をすれば道がないわけではない。ただ、「正社員になること」以上に重要なのは、情報を集めて使える公的サービスを探し、暮らしの安定のためにそれを使い倒すこと。そして、困った時は声を出し、専門家の支援を得る」「労働移動」しても「正社員」になっても、理不尽な失職が待ち受けるいまの労働市場でヨウコを支えるのは、公的サービスをたたき起こす自らのＳＯＳ力だ。

4　動き出す若い世代

「生理」「更年期障害」が政策課題に

「女性不況」の下では、「女性の私事」としてこれまで片隅に追いやられがちだった労働問題も、若い世代によって取り上げられた。

二〇二二年三月二三日、厚生労働省は、「『生理の貧困』が女性の心身の健康等に及ぼす影響に関する調査」の結果を公表した。口にされにくかった「生理(月経)」を、行政の政策課題にまで押し上げたのは、「#みんなの生理」というグループの活動だった。

共同代表の谷口歩実は一九九八年生まれ。コロナ禍が広がった二〇年に大学を卒業した「コロナ世代」だ。

高度成長期に上京して働き始めた祖母から、賃金が低くて生理用品もなかなか買えず苦労したと聞いた。これを機に、コロナ禍直前の一九年、谷口は生理をテーマに卒業論文を書き始め、その経費が重い負担になっている女性が周囲に少なくないことを知った。「生理の貧困」の発見だった。同年一〇月、消費税が一〇%に跳ね上がり、谷口らは「#みんなの生理」の運動を立ち上げ、生理用品に軽減税率を求めるインターネット署名を始めた。

翌二〇年二月、新型コロナの感染が急拡大し、アルバイトは激減した。谷口らが二一年二月から五月にかけ、一〇代から二〇代を中心に行ったSNS調査では、金銭的理由で生理用品を買えなかった人は五・九%、買うのに苦労した人が五人に一人にのぼった。生理用品を交換する頻度を減らしたり、ティッシュで代替したりする人もいた。

調べてみると、「生理の貧困」は海外でも問題化していた。韓国では、生理用品を買えず靴の中敷きを使用する女性がいることが報じられ、一六年、低所得層への生理用品購入に月一〇〇〇円程度のバウチャー（商品引換券）が支給されることになった。英国では生理のある一四〜二一歳の三人に一人が、コロナによるロックダウン下で生理用品の入手に苦労していると報じられ、二一年から生理用品にかける税が撤廃されていた。

谷口らは調査をもとに議員などに働きかけ、マスメディアでもその動きが取り上げられた。

基礎的な物資のはずの生理用品さえ買うことができない女性たちの存在は社会に衝撃を与え、生理用品の無償配布など「生理の貧困」対策に取り組む自治体は、五八一にのぼった(二〇二一年七月二〇日時点の内閣府調査)。

「生理用品の無償配布が広がったのはうれしい」と谷口は言う。「でも、背景にある女性の低賃金や、生理について口にしにくい状況の問い直しには十分たどりつけていない。それが今後の課題です」

コロナ禍では、中高年女性の「更年期障害」による雇い止めも問題化した。

二〇二一年四月、「ブラック企業」などの若者労働問題に取り組んできた「総合サポートユニオン」の青木耕太郎・共同代表らのもとに、大手企業のコールセンターで働く五〇代のアサコから「更年期離職」についての相談が舞い込んだ。

アサコは一八年六月にオペレーター職の三か月更新の契約社員として入社し、一〇回近く契約を更新して働き続けてきた。二〇年八月ごろから、頭痛、めまいや吐き気が続き、更年期障害と診断された。月二日ほどの欠勤が続き、二一年三月末の更新の際の面談で、契約更新を断られ、四月末で雇い止めとなった。

同年五月、労使交渉に入ったアサコらに、会社は「勤怠率が九割を下回ると一律で雇い止めするのがルール」「更年期を〝特別扱い〟せず〝平等〟に扱う」「法律には反していない」と言った。程度の差こそあれ、更年期障害は女性の身体につきものだ。それを考慮しない「平等」の不平等性は、谷口らの生理の貧困や、求職中、子育てがない男性を基準に「残業は正社員の条件」と言わんばかりの対応をされ続けたエリカの体験に通じる。しかも、更年期障害は、「産む道具」として利用できない年代の女性の問題として、生理以上に軽視されがちだ。

これは女性の「労働権の問題」だ、と青木らはマスメディアに情報提供し、谷口ら若い女性たちは、「更年期差別を許さない」といったプラカードを掲げてアサコの勤務先の前に並んだ。中高年女性の労働問題と連携した抗議活動だった。

インターネット調査やオンライン署名活動も始まり、背中を押された形の厚労省が二二年七月、「更年期症状・障害に関する意識調査」の基本集計結果を発表した(厚労省「更年期症状・障害に関する意識調査」基本集計結果、二〇二二年七月二六日)。

女性の身体から出発した、労働運動に見えない労働運動だった。

海外への道ふさがれ視線が内に

若い女性はメディアなどで性の対象扱いされ、化粧やファッションにしか関心がないと揶揄されることも多い。そんな女性たちが、コロナ禍の下で、新しい政策課題へ向け転換の背中を押した。原動力は、何だったのか。

谷口と同じく、田所真理子ジェイも一九九六年生まれの「コロナ世代」だ。小学生の時、日本人の父と死別し、フィリピン人の母と暮らしてきた。母が海外出身であることから途上国の貧困問題に取り組みたいと思うようになり、二〇一九年にメキシコに留学した。だが翌年、コロナの感染が拡大して帰国を余儀なくされ、メキシコでの就職の道は絶たれた。

日本で就職活動をしながらの「ステイホーム」の日々は、進路や生き方を自問する時間を生んだ。ニュースで女性の非正規の大量失業、外国人労働者やエッセンシャルワーカーの苦境を知った。足元の日本での貧困を知らなかった自分を突き付けられた思いだった。

何かできることはないかと参加したのが、若者労働NPO「POSSE」のボランティアだった。妊娠したら帰国させられる外国人技能実習生の問題に取り組み、コロナ禍で住宅を失う人々を支援する「家があって当たり前でしょプロジェクト」にも関わった。

女性の活躍度の低さが問われる日本で、海外へ向かう女性の留学生は全体の六割(日本学生支援機構二〇一九年調査)を占める。コロナ禍は、そんな若い女性の目を、国内へ引き戻した。「こうした動きをコロナ後にもつなげていけるかが勝負」と田所は言う。

「やさしいこぶしの振り上げ方」

二〇一五年の安保法制反対運動のなかで結成された「市民連合」(安保法制の廃止と立憲主義の回復を求める市民連合)の若手の旗手とされることが多い菱山南帆子は、三〇代の保育士だ。菱山のキーワードのひとつは「#MeToo世代」だ。

二〇一七年、フリージャーナリストの伊藤詩織が自身のレイプ被害をその著書で明らかにし、一八年にはテレビ朝日の女性記者が財務省事務次官によるセクハラを公表した。世界的なセクハラ告発運動「#MeToo」が、日本でも盛り上がった。「叩かれながら告発を続けた同世代の女性の姿に背中を押されたのが私たち「#MeToo」世代」と菱山は言う。

それらの交流のなかで、二四時間保育所に子どもを預けて働く風俗・水商売業界の女性の実情も知り、保育士として衝撃を受けた。コロナ禍は、そうした接客・飲食業界など女性が多く働く職場を直撃した。困窮者を支援する労組や反貧困団体による相談会は始まったが、男性の姿が目立つ相談会場に近づくことをためらう女性も多かった。困窮する女性たちには、DVやセクハラなどの男性による被害に遭ってきた例が少なくないからだ。そんな女性たちも安心して参加できるよう、二一年三月、労組の活動家や専門職の女性を中心に「女性による女性ための相談会」が立ち上げられた。

菱山もここに参加し、保育ブースとPR担当を買って出た。テレビも見ず新聞も読まないことが多い路上の女性などにも情報が届くよう、菱山はツイッターでの情報拡散を主導した。夜にはチームを組んで歓楽街の二四時間保育所を回り、チラシを置いてくれるよう頼んだ。第５章で紹介した、親の家を出たユリは、このPRによる情報拡散のなかで女性相談会を知り、駆け込んでいる。

私も企画段階から参加したこの相談会では、参加者が日常を取り戻せるよう花を飾り、カフェや物資提供場を設け、相談する側とされる側の垣根を取り払う工夫をした。そこには非正規で働いてきた女性、ＤＶ被害者、シングルマザー、風俗業界で働く女性、性的少数者などさまざまな人がやって来た。「自分の言葉に初めて耳を傾けてもらった」と言う女性もいた。相談に来た女性が、「自分も何かしたい」と、次には運営側に回った。

「上から目線で「女性を救う」でなく、同じ土俵で話せる場所ができた。社会運動のなかでの上下関係に違和感を抱くことが多かった私たちがたどり着いたのは、従来の抗議活動とは異なる「やさしいこぶしの振り上げ方」だった」と菱山は言う。

コロナ禍の「女性不況」は、女性の沈黙を強いる「仕掛け」によって過酷化した。だが同時に、その過酷さによって自分たちが置かれてきた排除や軽視の現実を初めて意識化し、生き残るために「仕掛け」を乗り越えようとする女性たちの多角的な動きも誘い出した。終章では、それらの体験をもとにこうした「仕掛け」と、それが生み出す「沈黙の雇用危機」との闘い方を考えていきたい。

終 章

「沈黙の雇用危機」との闘い方

私たちは、コロナ禍の下での「女性不況」の現場を、ここまで一緒にたどってきました。各章から見えてきたのは、私たちの社会の底に、女性を生きにくくさせ貧困化させる「見えない仕掛け」が岩盤のようにしぶとく張り巡らされている、という事実でした。

1 作られた「女性不況」

「沈黙の雇用危機」とは何か

短期契約を盾に手軽に契約を打ち切られ、雇用のセーフティネットも極端に弱い「非正規労働」は、その七割が女性です。働く女性の過半数が、こうした働き方で生活を立てています。また、正社員であっても、女性は賃金レベルが低いことが多く、このため貯蓄など、いざという時の「溜め」が乏しいことが少なくありません。マタハラやセクハラにさらされて仕事を失いやすい状態にも置かれがちです。新型コロナウイルスの感染拡大のなかで、それらが一気に「貧困化」として爆発しました。

仕事を失い、生活苦に追い込まれる働き手が大量に出現すれば、それは普通「雇用危機」と呼ばれます。ところが、労働統計でも女性たちの実質的な失業は反映されにくく、「危機」は十分には表面化せず、その結果、根本的な対策も打たれませんでした。それが「沈黙の雇用危機」です。

そうした「沈黙の雇用危機」を不断に生み出し続けてきた岩盤のようなものは、後でくわしく述べるように、女性ばかりでなく、日本の男性の貧困化の温床にもなってきました。非正規労働という経済的自立が難しい異様な雇用は、女性は経済的自立ができなくても男性がいるので問題はない、という暗黙の了解を生み出す「仕掛け」によって静かに広がり、さらには男性も巻き込んでいったからです。私たちの社会も、それなりには男女平等への取り組みを進めてきました。そんな男女平等への試みを、見えない形で、社会の奥底から次々と無力化させていた「仕掛け」が、コロナ禍の「女性不況」のなかで、姿を現したと言ってもいいでしょう。

最後となるこの章では、こうした現状を背景に、①「女性不況」を深刻化させた「六つの仕掛け」は、どう機能したのか、②「女性不況」を招いた女性の労働問題の解決は、なぜ男性も含めた日本の労働問題全体の解決のカギになるのか、③第7章で見たような、コロナ禍の苦境の下での女性たちの押し返しの動きから、「コロナ後」の社会で「沈黙の雇用危機」と闘うために私たちがいま「使えるもの」は何か、それをどう掘り起こすか、を考えていきましょう。

「六つの仕掛け」はどう機能したか

その第一歩として、これまで明らかにしてきた「六つの仕掛け」が、どのように互いに機能し合って「沈黙の雇用危機」を生み出したのか、そのメカニズムを明らかにしたいと思います。

日本の「女性不況」が、「コロナ対策禍」とも言える政府の「コロナ対策」によってさらに深刻化されたこと、その代表例が、唐突な一斉休校措置だったことは、第1章などで指摘しました。背景にあったのが、「女性は夫の扶養があるから、働けなくなっても影響は少ない」とする「夫セーフティネット」論でした。そうした意識のなかで、「女性不況」では、図終-1のように、解雇・雇い止め、自発的離職、労働時間の減少や休業のどれをとっても女性が男性を上回る事態が起き、かつ休業手当や失業手当などの公的セーフティネットからも外されることになります。一方、第3章で触れた「自由な働き方」は、自分で選んだのだから自己責任という見方が横行するなかで、フリーランスやキャバクラで働く女性などは、当初、休校等助成金の外に置かれ、そうした女性たちが利用できる数少ない救命具としての「特別定額給付金」も、第5章の「世帯主主義」という仕掛けを通じ、やはり届かない例が問題になりました。

また、コロナ禍で働く親や感染者たちを支える保育士、介護士、看護師、保健師などは、第

2章のように、「女性ならだれでもできる仕事」「家庭内で主婦が無償で引き受けていた仕事」という偏見に基づく「ケアの軽視」という仕掛けによって、低コストで過酷な労働にさらされることになり、負担の重さなどから離職を余儀なくされる例も相次ぎました。

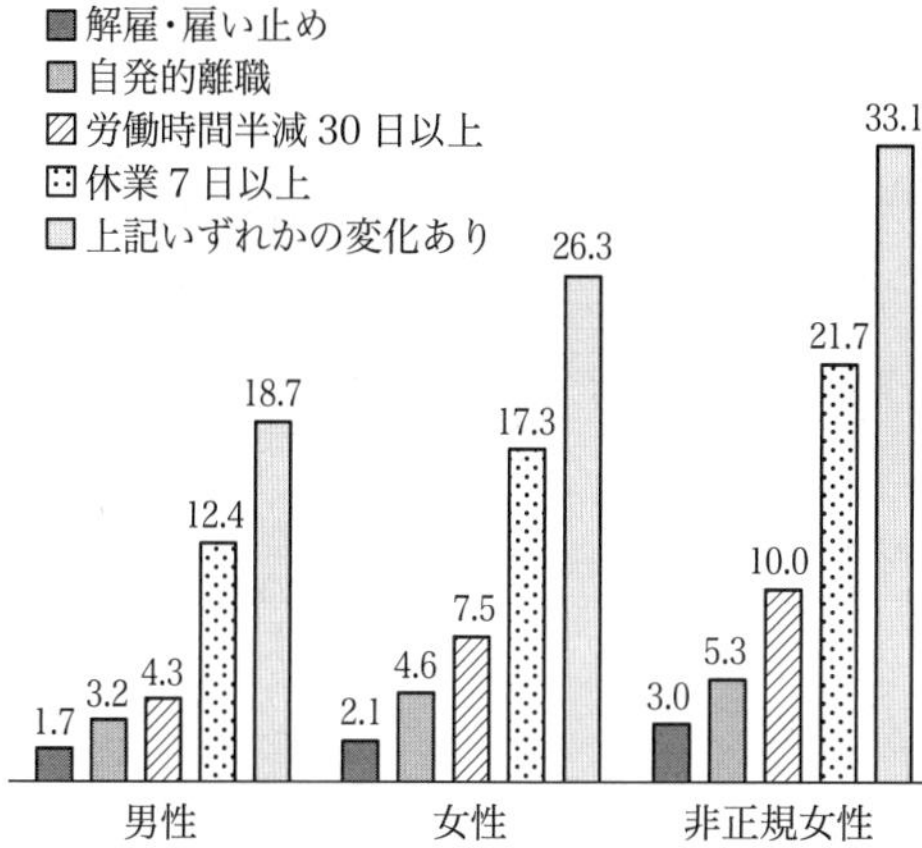

（出所）「新型コロナウイルスと雇用・暮らしに関する NHK・JILPT 共同調査」（スクリーニング調査，2020 年 11 月）結果概要より作成．

図終-1　2020 年 4 月 1 日以降の約 7 か月間，雇用に大きな変化が起きた民間雇用者の割合（%）

こうした女性たちの大量失職については、第4章のように、スキルアップして他職種に「労働移動」すれば解決するはず、とする仕掛けを通じ、働く場での労働権の侵害や、セーフティネットの不備が見えなくさせられる結果を招きました。外国籍の労働者の場合、第6章のように、労使紛争や妊娠など人権上の保護が必要な事態が起きたら「強制帰国・送還」といった移動によってなかったことにする仕掛けが発動されてきましたが、それがコロナ禍による帰国便のストップで、仕掛けの脆弱さが露呈することになります。

つまり、六つの仕掛けは、図終-2のように、女性をはじめとする発言権の弱い働き手を円滑に公的支援の外に置くことで、公費を「見栄えよく節約」する機能を持っているのです。日本の「女性不況」は、このような日本社会の基層にあった仕掛けが、コロナ禍のなかで作動し、女性の経済的危機をとりわけ深めた結果と言えるでしょう。

六つの仕掛けには実は、もう一つの「沈黙の機能」があります。それは、社会的・構造的な被害を「私的な問題」にすり替えていく機能です。これによって、被害にあった人々はその深刻さを公的には訴えにくくなります。それはまた、社会的な制度の整備を求めるという解決の仕方も難しくさせます。

「夫セーフティネット」論という仕掛けは、そのわかりやすい例です。この仕掛けは、女性は男性の扶養に依存すべき存在、という見方を基礎に、ことが起きた時、労働者として雇い主に対応を求めたり、国民として政府に対策を要求したりするのではなく、夫との関係のなかでの解決を迫る方向に人を仕向けます。第1章でも述べたように、シフト労働制で働くパート女性をめぐる「家計補助」論は、職場で基幹的な役割を果たしていても、「夫の扶養というセーフティネットを前提にした家計の補助に過ぎない仕事を、会社が支える必要はない」として、会社側が雇用責任を回避する口実に使われてきました。仕事の重さに見合わない低賃金を改善してほしいと求めると、賃金を上げるのではなく、夫がいてこそ生きられる低賃金で働いているのだから夫に面倒を見てもらってください、とすり替えられてしまうのです。

男性の賃金水準も下がるなかで、これでは夫もたまったものではありません。一五年ほど前のことではありますが、派遣社員の女性が妊娠し、育休を取りたいと求めたところ、会社に断られたという相談がユニオンに寄せられました。断った派遣会社の正社員男性は、「子育て中の妻の扶養は夫の責任」とし、「自分は妻が子どもを産んだらちゃんと面倒を見ているのに、何をしているのか」と、夫を責めるメールを送りつけました。当時から、すでに男性の非正規は珍しくなくなりつつあり、夫は契約社員でした。派遣の妻と協力して家計を支えていたのですが、このような仕掛けを利用した攻撃が、働く人たちの沈黙を作り出すのです。

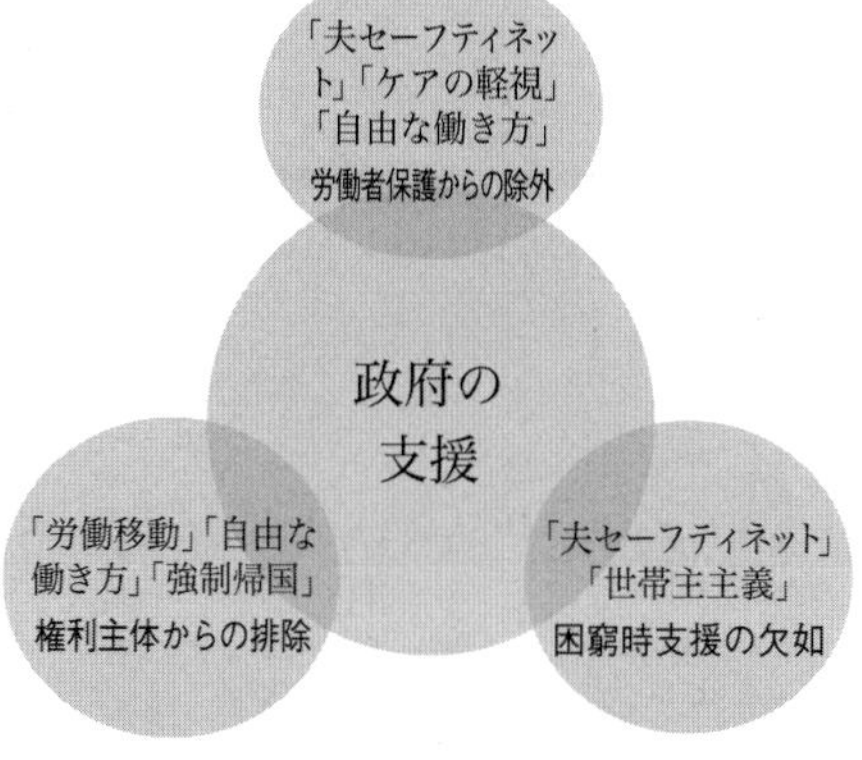

図終-2　政府の支援と６つの仕掛けの関係

「世帯主主義」という仕掛けも似ています。世帯主が給付金をまとめて受け取り、分配は家族内の交渉次第というこの仕掛けの下では、政府は個人が給付金を受け取る権利を保障する責任を免除されます。そうしたなかでは、女性は、「世帯主夫」に服従しなければ分配を受けられません。さらに、そのような夫と結婚した自分が悪い、または、自分が至らないから夫がお金をくれない、として、責任は権利を侵害された女性に返ってきてしまいます。

ドイツでは、日本のコロナ禍での休業手当にあたる「操業短縮手当」の受給権者は会社ではなく労働者個人です（緒方桂子「新型コロナウイルス災禍における労働者の休業とその補償」など）。ところが日本では受給権者は企業で、社員個人ではありません。このような方式だと、労働者の生活に不可欠な支援が雇用主の意向に左右されやすくなり、立場の弱い非正規やワーキングマザーなどが雇用主の顔色をうかがうことにもつながりがちです。雇用主自身も、経営が苦しいなかでも休業手当分をひねり出して支給しないと、助成金が受けられないため、負担感が大きくなります。

このように、公的な保護は自身にではなく、世帯主である夫や雇い主を通じてやってくる、という体験が繰り返されることで、女性たちには個人として声を上げることについての「学習性無力感」が植え付けられていきます。学習性無力感とは、米国の心理学者、マーティン・セリグマンが提唱した理論で、長期にわたってストレスを回避することが困難な環境に置かれた人や動物は、やがて、その状況から逃れようとする努力すら行わなくなる、という現象です。こうして作られてきた無力感が、コロナ禍での行動制限ともあいまって、多くの困窮する女性たちの発話を抑え込み、「沈黙の雇用危機」を作り出したと言っていいでしょう。

「生きないように、死なないように」

このような沈黙は、危機が当事者の生存を脅かすところまで深刻化した場合だけ、局所的に「コロナ特例」として臨時の応急手当のような救済策でしのぐ「継ぎ当て型対策」によって、さらに強化されます。

コロナ禍では第1章で述べたように、個人が申請できる休業支援金・給付金が創設されましたが、これはコロナ禍での特例であり、コロナ禍で露呈した非正規のセーフティネットの不備の修復には発展しませんでした。一〇万円の特別定額給付金も、第5章で触れたように、DVなど暴力の被害から逃げている人など、生死に関わる部分だけ、世帯主でない個人が申請できる特例を作り、「個人としての受給権」を保障したものとはなりませんでした。批判を浴びた部分だけ局所的な継ぎ当てを行っては、批判をやり過ごすという手法の結果、阪神・淡路大震災（一九九五年）、東日本大震災（二〇一一年）と大きな災害のたびに、支援金が女性個人に届かないという事態が形を変えて繰り返されました。こうした継ぎ当て型の手法の真の問題は、とりあえずは被害者が助かる効果もあるため「政府は対策を講じてくれている」という「やった感」が広がり、その結果、根本的な対応を求める声がしぼんでしまうことです。

このようなあり方について、第4章でDV被害者の支援者として登場した吉祥眞佐緒は二〇二一年七月の「女性による女性のための相談会」の報告会で、「コロナ禍を通じて知ったのは、日本の女性への政策は「生きないように、死なないように」ということだった」と述べています。重要な働き手であり、社会保障の担い手である女性がいなくなっては困るので「死なないように」対策は取るが、女性が自立した個人として暮らせるための根本的な転換には踏み込まない、というのです。

この間、吉祥のもとには、経済的DVの相談が相次ぎました。賃金が下がっても生活水準を下げられない夫が、家計の穴埋めのため妻に借金を重ねさせ、返済不能になって妻が自己破産に追い込まれる例もありました。夫に、「お前のやりくりが下手だからこうなった」と言われると妻は抗弁できず、自己破産を受け入れてしまうというのです。「時代は男女共同参画。だから家計も男女が折半であるべきだ」という新タイプの経済的DVもあったと言います。ここでは、夫は収入が圧倒的に多いにもかかわらず生活費の半分しか負担しません。一方、妻は子育てや家事負担のために長時間労働の正社員を諦め、低収入のパートで働いてきました。そのため残り半分の生活費を負担できず、「やりくり」に苦しみ続けることになりました。

世帯主に給付金の受給権を付与する原則に固執し続けることは、家庭内の男性の経済優位をさらに強め、こうした経済的DVの背中を押します。DV支援団体の働きかけで、逃げているDV被害女性の特別定額給付金申請を特例として認めるなど、「死なないように」の配慮はされました。ただ、個人の受給権は原則認められないままコロナ禍のなかでも放置され、それが多くの女性たちに、個人として自立して「生きる」ことを難しくさせ続けています。このような「生きないように、死なないように」の仕組みは、大多数の女性を無償労働や低賃金労働の担い手としてとどめておくことが日本の社会構造で大きな意味を持ってきたからです。

女性が外で働く必要性が増大した時、家庭に残された家事やケア労働（再生産労働）をだれが担うかは大きな問題です。政治学者の申琪榮《シンキヨン》は、そうした危機に対応するため、グローバル化に頼ってグローバルサウスの女性たちの再生産労働を「収奪」するシステムを取った欧米に対し、日本は「自助と性別分業によるジェンダー構造を「活用」することで再生産の危機に対処しようとしてきた」と述べています（「社会的再生産理論（SRT）を手がかりに読み解くコロナ禍」

『年報政治学2022-1　コロナ禍とジェンダー』)。

　社会保障に対する公的資金を極力、抑制しながら女性を労働力として利用するためには、①女性が無償で家庭内の育児や介護や家事労働を引き受けて働く(=パート労働者化)か、②自力でケアサービスを購入して働けるようケア労働者を低待遇にとどめる(=ケア労働の低賃金化)かのどちらかが必要です。日本では、「ケアは女性がタダで引き受けるもの、男性はそのために経済力を失った女性を扶養するもの」(つまり、国はケアに責任を持たない)という秩序意識を自国男女に刷り込むことで、それを達成しようとしてきた、ということです。

　ただ、経済的自立ができないために女性たちが死んでしまったり、生活があまりに過酷で反旗を翻されたりすると、システムの命綱である無償労働力の担い手が不足してしまいます。

　こうして見てくると、国の負担を小さくする「六つの仕掛け」は「ジェンダー平等小国の「生きないように、死なないように」がそこに登場します。〈へそ〉」とでも言える機能を持っていることになります。

2　男性労働問題の核でもある女性労働問題

「戦争する国」から生まれた仕組み

このような仕掛けによる「女性不況」の「不可視化」と「沈黙の雇用危機」は、実は男性の労働条件の劣化にも大きく関わっています。これまで述べてきた女性の苦境を読みながら「男だって大変なのに……」と感じた人は、その意味で間違っていません。ここからは、「女性不況」がどのように男性に波及するかについて考えていきましょう。

コロナ禍で浮上した「六つの仕掛け」の土台は、戦争を通じて「国威」を発揚し、膨張を遂げた戦前の日本社会で形成されました。たとえば旧憲法の下における「家」制度は、これらの仕掛けのうちの「夫セーフティネット」「世帯主主義」を法律で正当化したものとも言えます。

「家」制度のすごさは、図終-3を見るとよくわかります。

一八九四年の日清戦争開戦以降、日露戦争(一九〇四年〜)、日中戦争(一九三七年〜)、日米戦争(一九四一年〜)と、敗戦の一九四五年に至るまで、日本では対外的な戦争が繰り返され、そのたびに国家財政の七割、八割が軍事費に費やされています。そんな財政構造の国で、人が人として生きるための基礎である介護や育児などを公的な社会保障で支えることは、至難の業です。家庭内の女性に無償のケアを丸投げする制度によって、ようやくこれだけの軍事費をひねり出し、戦争を遂行し続けることができたということになります。

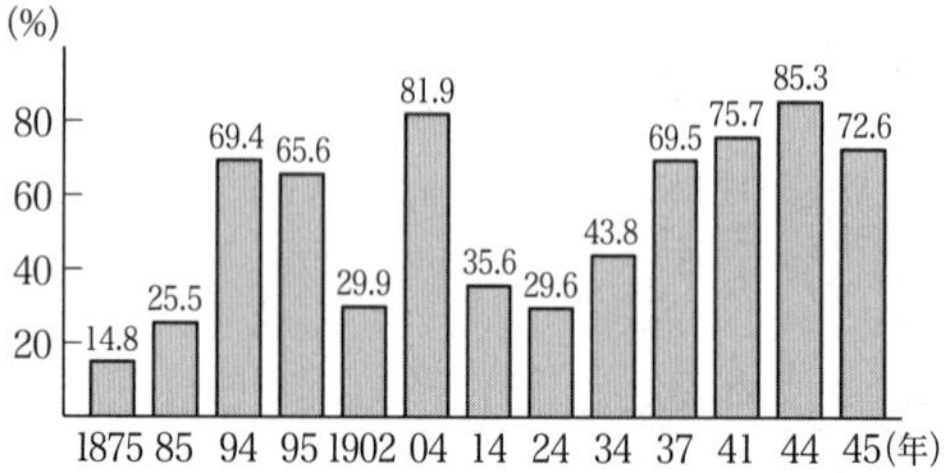

（出所）帝国書院データより筆者作成.

図終-3　国家財政に占める軍事費比率の推移

このような「カネの流れ」から戦後の新憲法を読み解くと、戦争を禁じた第九条は、公的資金を野放図に戦費に流し込み続けた戦前のシステムにタガをはめるものでした。また、家庭内の男女平等を規定した第二四条や、性別や人種、身分などによる差別を禁じた第一四条は、膨大な軍事費の捻出を支えた、女性の無償労働の法外な膨張に歯止めをかけようとしたものと言えます。軍事費の抑え込みは、眠る、食事をする、人をケアする、人付き合いをする、といった最低限度の生活を公的に支える社会保障のためのカネの流れを、どんな人にも確保することを可能にします。第二五条の「健康で文化的な最低限度の生活」の保障とはそういうことでしょう。労働基本権を保障した憲法二八条も、働いて得た富を、戦費ではなく、賃金として暮らしに回すよう求める権利と見ることができます。

敗戦後の占領軍メンバーとして新憲法の男女平等条項の実現に力を尽くしたことで知られるベアテ・シロタ・ゴードンはその著書で、憲法改正の交渉過程で日本側が「日本には、女性が男性と同じ権利を持つ土壌はない。日本女性には適さない条文が目立つ」と主張し、天皇制条項や他の人権条項と並んで男女平等条項にきわめて強い抵抗を示したことを明らかにしています。それは、「家」的秩序がいかに戦前の制度の屋台骨だったかをうかがわせます。

コロナ禍は、否定されたはずの「家制度」が、「六つの仕掛け」を通じた「新・家制度」の形で戦後社会にひそやかに再生され、機能していたことを明るみに出しました。そこには、旧民法のような明文化された法制度による罰則はありません。仮に正面から抑え込みに入れば、戦前とは異なる女性参政権によって迎え撃たれることは必定です。代わりに用意されているのが、近年の旧統一教会問題などで表面化した宗教右派の動きや、ネット上での誹謗中傷など、「ソフトパワー」による「従わない女性」への懲罰です。

第5章で述べたように、コロナ禍では、「家」の歪みのなかで居場所を失う若い女性たちへの支援組織が活躍しましたが、そのひとつ「Colabo」について、二〇二二年からインターネット上でその活動を貶める内容の情報が飛び交い、女性支援のための都の委託事業として新宿に設けた「バスカフェ」に一部の男性たちの妨害行為が相次いだことは、その一例です。

そうした「新・家制度」の見直しもないまま二〇二三年、新型コロナウイルスの感染法上の位置付けをめぐり「5類への移行」というコロナ禍の幕引きが行われ、コロナ禍の被害者のための予算が削減される一方、「五年間で総額四三兆円」「GDP二%」の軍事費を最優先で確保する方針が打ち出されたのは、偶然ではなかったという思いに駆られます。

「家計補助」論が生んだ「賃下げ国家日本」

意外に思うかもしれませんが、このような「新・家制度」は、日本の男性も含めた労働条件の劣化にきわめて大きな影を落としています。労働問題は男性労働者の問題、というイメージが強いですが、男性も含む日本の労働条件の劣化の多くは、「新・家制度」が生んだ女性の労働問題を突破口に進められてきたからです。一九九〇年代後半からの「賃金が上がらない日本」は、そうしたなかで進んだ非正規の増大と正規の極端な長時間労働が背景にあります。

日本の賃金水準が先進国で唯一、低下傾向をたどり続けている原因としては、最低賃金レベルで昇給もほとんどない非正規労働者が働き手の四割近くにまで増加したことが、しばしば指摘されてきました。非正規労働者の賃金水準が低いのは、この働き方が、賃上げなどの待遇改善に不可欠な労働基本権がきわめて使いにくいという特性を持っているからです。賃金は労働側の圧力で初めて上がる、という基本を思い出してください。もちろん、労働市場全体の人手不足などによって会社に人が集まらなくなり、賃上げで働き手を引き付けるしかない、という場合は珍しくありません。ただ、こうした経営側の行動も、労働者の「賃金が高い方の職場で働く」「こんなに安いなら転職する」という有形無形の圧力があってこそ促されるのです。

経営側からすれば、働く側からの交渉がなければその水準で満足していると考え、事業の拡大や内部留保に利益を使う方向に傾くのは普通です。ところが、短期契約の非正規は、労組を作って賃上げ交渉をしようとすると次の契約更新を渋られるのではと不安で、労使交渉が非常に難しい立ち位置に置かれています。こうした働き手にとっては、交渉ができなくても法律が圧力をかけてくれる最低賃金の引き上げくらいしか、賃上げの方法はありません。

「経済的自立」は雇用の重要な役割の一つのはずですが、このように、非正規の働き方はその要件を十分に満たしているとは言えません。それが、さほど疑問視もされないまま広がり続けてきたのは、「夫セーフティネット」論によって、「女性は夫がいるから困らない、非正規はそういう女性の働き方」という錯覚が蔓延していたからです。

たとえば、「最大の非正規」であるパート労働は「家事や育児がある女性が夫の経済力に依存しながら従事する家計補助的な働き方」という「魔法の言葉」によって広がり、派遣労働も「夫がいて不安定でも問題が少ない子育て女性が、パートより専門性の高い働き方ができるよう、女性が多い職種を中心に解禁した」(二〇〇八年の高梨昌・信州大学名誉教授への筆者インタビューによる）とされて、社会全体を巻き込んでの大きな抵抗にはあいませんでした。

こうして開けられた穴に、「主婦の働き方」＝「女性の働き方」として「夫」がいない単身女性も投げ込まれていきます。二〇二〇年に最高裁で原告が敗訴したメトロコマース訴訟は、地下鉄売店の契約社員として単身で生計を維持してきた女性たちが、正社員と全く同じに販売にあたりながら大幅な賃金格差を付けられていることに対し、不合理な賃金格差を禁止した労働契約法二〇条違反として会社を提訴した事件です。経営側は裁判の過程で「家計補助的な非正規の働き方」とする論理も展開しました。原告たちはその賃金で生計を立てていますから、家計補助ではありません。非正規は夫のいる女性の働き方だから「家計補助」的な労働、とする理屈は、統計上みられる一定の傾向を、その集団に属する個人に一律に当てはめることで不合理な不利益を与えるという「統計的差別」にあたりかねない見解です。

その穴は一九九九年の契約社員などの有期雇用の規制緩和や、二〇〇四年の製造業派遣の解禁などの規制緩和でさらに広げられ、世帯主の男性労働者も含めて非正規化は進みます。バブル崩壊後から二〇〇八年のリーマンショック後の就職しにくかった時期に学校を卒業した「就職氷河期世代」と呼ばれる層は、その影響をもろにかぶりました。

また「親がいるから」「学業の片手間だから」として学生バイトが、「年金があるから」と、ここでも高齢者が、この穴に投げ込まれていき、非正規は大きく膨らんでいきます。その結果、労組の組織率が落ち、男性が多数を占める正規労働者の賃上げ圧力が損なわれていくことにもなります。劣化しても問題にされにくい女性労働を突破口にして、非正規労働は男性へと浸潤を続けていくのです。こうした事態を防がないと、女性労働力が増えれば増えるほど賃金の水準全体が下がっていくことになり、雇用の劣化は今後も女性をテコに拡大していく恐れがあるということです。

ちなみに、男女平等の国として知られるスウェーデンは、保育や介護に多額の税を投入して女性のケア労働負担を公費による保育・介護施設の充実で軽減し、男女ともにケアと仕事を両立できる労働時間を通じ、子育て女性への「特別扱い」がなくても働ける仕組みに転換させたと言われています。また、一九八〇年代ごろまでは専業主婦が多く、そのために保育園も少なかったオランダは、同じ仕事なら労働時間の長短で賃金差を付けることを禁じた「労働時間による差別の禁止」(一九九六年)に加え、「労働時間調整法」(二〇〇〇年)によって、自分で労働時間を選べる権利を保障しました。いずれも、ケアを抱えることが多く長時間働けない女性をテコに、社会全体が低賃金化していかないよう、歯止めをかけた仕組みと言えます。

これに対し日本社会は、第1章のエリカの例のように、短時間労働(パート)を選ぶと著しく経済的に不利になり、家事や育児を抱える働き手としての女性が直撃される仕組みなのです。このようにして、経済的自立が難しい非正規の待遇を「家計補助」論が支え、非正規が労働者の五人に二人を占めることで、働き手全体の分配度が下がり、正社員も賃上げ要求がしにくくなったことで男性も巻き込む「賃下げ社会」が生まれ、それが消費不況を招いて経済を損なってきたわけですから、「家計補助論、おそるべし」です。

返す刀で作られる男性の不幸

「夫セーフティネット」論に背中を押された雇用の劣化は、コロナ禍の下で女性を脅かしましたが、その返す刀で、男性の困窮も生み出していました。

コロナ禍でNPO法人「反貧困ネットワーク」が行った「駆けつけ支援」は、困窮者のSOSが入ると、その自宅や路上まで支援者が車で急行する新しい手法でした。二〇二〇年七月、私がこれに同行して出会った男性たちからは、「五〇円、一〇〇円しか所持金がない」「交通費がないので何時間も歩いて役所の生活保護相談に出向いた」などの訴えが相次ぎました。私が会った例は、いずれも労働者保護がきわめて弱い派遣社員でした。

これらが「夫セーフティネット」論、「家計補助」論を突破口に始まったことは先に述べた通りですが、それは返す刀で「男性は女性を扶養すべきだ」という規範となって、男性に重圧を与えます。とりわけ、経済成長が鈍って、妻や子を養える賃金水準を確保できる層が細りつつあるなかでは、そうした男性の苦痛は倍加していくことになります。

二〇〇九年、京都大学の図書館で「時間雇用職員」として働いてきた三〇代男性二人が大学側を訴えた事件は、そんな構図を浮き彫りにしました。

男性らは京都大学大学院を卒業後、非人間的な長時間労働を避けて人として生きたい、という思いから、同大学図書館の「時間雇用職員」として外国文献を含む図書の目録作りなどに携わってきました。欧州などでは、労働時間が短くても仕事が継続的にあれば、実態に合わせて無期雇用とするのが原則です。一方、日本では、一部を除き、短時間労働なら短期契約が一般的です。この男性たちも、短期契約を何度か更新し五年目に雇い止めに遭います。二人は、上司のパワハラを問題にしたことが雇い止めの理由ではないかと、労働組合を結成して大学に雇い止めの撤回などを求める訴訟を起こしました。

二〇一一年三月の京都地裁判決では、「一週間あたりの労働時間が三〇時間を超えない」ことや「時給が補助的な職務内容であることを考慮した金額に設定」されていることを理由に、原告たちが就いているのは「家計補助」的労働とされ、そのような働き手は経済変動に応じて賃金コストを増減させるための要員だから契約打ち切りはやむをえないとして、原告敗訴となりました。興味深いのは、判決文での裁判官の指摘です。ここでは、「京都大学を卒業した原告ら」が「家計補助」的労働にしか従事できない客観的な証拠はなく、「どのような世界観・人生観の下にこのような就労形態を選択したのか明らかではない」(竹信三恵子『ルポ賃金差別』)と述べているのです。男性で高学歴なら、長時間労働を我慢すれば家族を扶養できる労働を選べるのに、何を考えているんだ、というわけです。

女性たちは「子育てできる労働時間でも生活が立てられる」働き方を求めてきました。それについて、「短時間＝低賃金＝家計補助にすぎない」として、仕事内容にそぐわない低い労働条件を追認し、男性たちには、そんな女性たちを扶養するため高拘束の働き方を我慢すべきだ、とする規範意識が、右の京都地裁のような判断を支えています。

つまり、女性は、家庭内で無償労働を担って社会保障費を抑え込む要員とされ、男性は、これを「扶養」する重圧に耐える代わりに、「世帯主」という仕掛けを通じ、給付金など女性に入ってくるカネを管理する立場を与えられるということです。「女性の無償労働力を維持することで成り立ってきた国の諸政策の下請け役」とでも言いましょうか。

とはいえ、グローバル化や産業構造の激変のなかで、近年では賃金が全般に低下し、多くの男性にとって、一人で家族全員分の生活費を稼ぎ出す「大黒柱型家計」は、事実上不可能になってきています。家族全員で稼ぐ「多就業型家計」への転換のなかで、女性の所得を向上させて家計収入を引き上げ、現実に見合わない男性への重圧を軽くするという政策は、男性の世帯主賃金の維持が難しくなった欧米でも採用されてきました。

一方、日本では相変わらず職務の重さに見合わない女性の無償労働と低賃金労働への安易な依存から抜け切れず、それが、各方面での不幸を生んでいると言えます。

「ケアの軽視」という仕掛けは、こうした女性の負担を見えにくくし、「自分だけが負担を引き受けている」という男性の思い込みを強めます。そうしたなかで、許されることではありませんが、「扶養させられている」という鬱憤を、社会の仕組みにではなく、たとえばDVなどを通じて女性に向けてしまうのです。それがさらに女性の稼ぐ力を削ぎ、家計の貧困化を強め、男性の負担と不幸を倍加させます。

それは、保育士や介護士、学童保育指導員などに従事する男性の働き手たちの生活も損ない、ケアされる子どもや高齢者など、半分を男性が占める層の人権も損なっています。このように、女性の労働問題の解決は、男女含めた日本の労働問題の核となる課題なのです。

3 「使えるもの」を掘り起こす

ステルスな戦時体制が生んだ「均衡」

このような男女とも不幸な構造が、なぜなかなか変わらないのでしょうか。それを変えるカギはないのでしょうか。ここからはこれらについて考えてみましょう。

こうした「ジェンダー平等小国日本」のなぞをめぐっては、女性を不利に扱うことを「経済合理的」なものにしてしまう、一つの「均衡」ができていることを指摘する論考が相次いでいます。たとえば、経済学者の川口章、社会学者の山口一男らは、性別役割分業の根強さから女性が働きにくいシステムが企業や家庭、社会を巻き込んで出来上がり↓女性の離職率が高まり↓「すぐやめる」女性を男性と同じに扱う企業は利益を上げにくくなり↓だから女性を重要な仕事に割り当てず↓意欲を失った女性たちの離職がさらに進む、といった悪循環が、「変われない日本」を生んでいると指摘しています。

一方、経済学者の斉藤日出治は、ジェンダー差別の問題とは離れて、「企業主導型資本主義」が日本社会の生活小国ぶりを生み出すと指摘しています。日本は、欧米のような企業を超えた社会を横断する基準やルールが弱く、職務の市場価値や資格、産業別労組などがないと言ってもいいような状況です。こうしたなかでは、タテ型で支配してくる企業に対し、人々が横に連携して対抗できる力が弱く、その結果、家庭や個人、市民生活にまで企業の論理が浸透することになります。そこでは日本人男性の正社員がモデルとされ、在日の外国人、女性、障がい者などは雇用から排除されるという企業の秩序が社会の秩序ともなり、「労働条件を上げたら他社との競争に負ける」として企業間競争に勝つことが労働者も巻き込んで最優先され、会社の要請が生活時間にまで食い込む高拘束状況が出来上がります。

斉藤が描き出すこのような社会では、子育ての時間など、企業利益の外の「社会を維持するためのルール」は隅に追いやられ、「生活のための労働」を抱える女性には不利にならざるをえません。これを変えるためには、生活の側から対抗していく横の組織づくりを通じ、タテ支配の企業のシステムに風穴をあけていくことが必要となります。

つまり、これまで挙げてきた論考は、視点は違っても、「ジェンダー平等小国」を維持させてきた「よくない均衡」を、何らかのシステム外の力を加えることで崩し、生活実態に沿った「よい均衡」へと変えていくという戦略では共通しています。

日本は戦後、「生活重視の平和憲法のある国」に転換したはずです。にもかかわらず、このように、生活のための規範を度外視した「均衡」が強固に形成されてしまったのはなぜでしょう。それは、憲法第九条の規範の下で、「領土拡張戦争」は規制される一方で、代わりに「ステルスな(目に見えない)戦争」としての「経済戦争」が続けられてきたからではないでしょうか。ここでは、かつて戦争を支えた「家」制度が「六つの仕掛け」に変形され、この仕組みがコロナ禍の「女性不況」の過酷化も招いたことになります。

ただ、高度成長期を背景に、一九七〇年代までは、富裕層や企業への高い累進課税による中流層への税を通じた割り戻しがあり、また、正社員が大半を占めていたことで企業別労組も賃上げ圧力を発揮でき、こうした仕組みはそれなりの生活向上の実感を伴っていました。それも、「均衡」を支えました。ただ、その条件が消えた今、「均衡」を破って生活の変化に合ったシステムを作り直さなければ私たちの「生」は危機に陥ります。だからこそ、「均衡を破る外からの力」を探しあて、女性たちの沈黙を生み出してきた「仕掛け」を乗り越えることは、いま急務になりつつあります。

「マスメディア」の二つの顔

「学習性無力感」をたたき込まれてきた私たちは、そんなこと無理、と思いがちです。ただ、私たちはすでに、「均衡を破る外からの力」となるものを身近にたくさん持っているのです。それに気づかず、どうせ何をやっても変わらない、と思わせる「仕掛け」にやられてしまっているわけです。

ここからは、第7章などで取り上げたコロナ禍での女性たちの押し返しの試みをもとに、私たちに使えるものとは何かを見ていきましょう。

そのひとつが「マスメディア」です。この仕掛けは、女性たちの沈黙を作り出しますが、同時に、女性たちの沈黙を破る機能も持っているからです。

大阪に住む二〇代のライター兼編集者・村上薫は、コロナ禍の下、このうちの「沈黙を作り出す機能」に直面しました。大阪の社会運動系の新聞社の記者となり、生計を立てるためキャバクラとのダブルワークを続けてきた村上は、第3章でも紹介した行政による「夜の街」攻撃のなか、二〇二〇年八月、「夜の街」の女性たちのための相談所「キュア」を始めました。

村上への取材や、一審の訴状によると、二〇年秋、その活動を本にしたいと、フリーライターの男性が持ち掛けてきました。自粛要請による女性たちの困窮や行政の「夜の街」の女性たちへの偏見を社会に訴えたいと、原稿の執筆を引き受けましたが、二一年一月下旬に、出版を引き受けた宝島社から戻ってきたゲラ(校正刷)を見ると、村上の執筆個所は、重要と考えていた部分が削られたり大幅に書き換えられていたり、書いていない原稿が村上の執筆となっていたりしていました。

修正を求めると、書いていない原稿の執筆者は別の女性名に変わっていましたが、村上の執筆とされた原稿には納得できるような修正はされておらず、二五〇ページ中一七ページ分だけが村上の執筆分として残され、表紙案には二人の共著者のうちの一人として村上の名前が掲載されていました。その後、修正を待っていましたが、原稿はそのまま二〇二一年二月、『大阪ミナミの貧困女子』と題した新書の形で出版されました。村上は納得できずに同年一〇月、版元の宝島社に出版の差し止めと損害賠償などを求める訴訟を、大阪地裁に起こしました。

一方、出版社側は二〇二一年一二月七日付の答弁書などで、村上の執筆分は本全体のごく一部にすぎず各原稿に執筆者名も書かれ、他の執筆者は了解しているので出版に問題はない、女性ライターが書くという本のコンセプトではあったが、共著者の一人は男性のフリーライターの原稿をリライトした女性のペンネームであり、リライトは原稿の出来が悪かった場合や本全体のトーンを整えるなどの意味で普通に行われているものであり、女性と偽ることが目的ではなかった、原告は最終的には出版に合意していた、などと反論しました。

私の問い合わせに対して、出版社は「係争中につき回答は差し控えさせていただきます」(同社広報課）と回答しています。

二〇二二年一一月、村上は敗訴しました。判決は、原稿の改変について村上は了承の返事を出し、改変部分も「一般の読者の普通の注意と読み方を基準」として、原告の社会的評価を低下させるとは考えられず、名誉が損なわれたとは言えないとするものでした。村上は、返事はゲラの点検作業の終了を伝えたもので、改変の了承ではない、などとして控訴しました。

ここまで村上をこだわらせたものは、「女性性の搾取」（法廷での村上の陳述）への疑問でした。わずかなページ数だけ残して「共著者」とされたのは、「女性が書いた実録」という形を整えるために思え、残された箇所についても「旧来からの男性目線の一方的な価値観の押し付け」と感じられる表現への書き換えがあったからです。たとえば、「売れないホステスはレベルの低い店に身を落としていき、時給の安い店へと流れていかざるを得ません。一方、大阪で言えば北新地、東京で言えば銀座の高級ホステスになれば「勝ち組」となり、貧困から抜け出していけるのです」というくだりは、働く場所によって業界の女性を単純にランク付けるステレオタイプな表現であり、女性の分断をあおるもの、と村上は言います。

村上の執筆分以外でも「水商売や風俗は、女性たちの最後のセーフティネット」といったくだりがあり、帯の文言は「コロナ自粛の大阪で、カラダを売るしかない女子たちの物語　風俗だけが救ってくれた」とされていました。「キュア」などでの女性運動は、「ミナミで働く女性たちは体を売っているのではなく、サービス業だ」として闘ってきたのに、それを理解しておらず、また業界には客からの暴力も多く、「セーフティネット」とは言えないと感じてきた村上にとって、「共著者」として内容に責任を持たされることは耐えられないものでした。

自身も業界で働く女性として目にした「女性不況」の実態が、男性が多い編集陣によって男性消費者を意識した「商品」に変換されて一万部を超す部数で流布され、「女性が書いた本」というPRの片棒まで担がされて発言を封じられた、という苦しさが、そこに感じられます。

マスメディアは往々にして、「商品性」の名の下に女性の沈黙を作り出します。ただ、「女性不況」の実態を広め、声を上げる女性たちの背中を押したのもマスメディアでした。

「女性不況」という言葉を新聞記事データベースで検索すると、大手紙では、男性の製造業派遣労働者が大量に失業した「年越し派遣村」の際の報道ぶり（第6章）とは対照的に、各紙一〇件前後しかありません。ところが、インターネット検索では一八〇〇万件を超えています（二〇二二年一二月二四日時点）。「女性不況」情報はどのように流布されたのでしょうか。

表終-1のように、早かったのは、二〇二〇年一〇月一一日付『朝日新聞』の三人の女性記者の連名による「女性のこと、軽んじていませんか」という見出しの記事です。その中に「今回の景気の落ち込みは「女性不況」とも呼ばれる」という小さな記述があり、翌年三月二日には『日本経済新聞』の夕刊一面に「「女性不況」、実質失業一〇〇万人超　政府が対策拡充へ」の大見出しが登場、TBSの「報道特集」などでの女性の困窮報道も相次ぎ始めます。

これらの土台になったのが、序章でも触れた、二〇二〇年春からの国連など海外発の「女性不況」についての警告、DV被害者やひとり親支援NPOによる当事者の実態把握と政府への女性たちの支援を求める申し入れ、労働政策研究・研修機構(JILPT)などのシンクタンクによる国内実態調査、そして、同年九月からの内閣府男女共同参画局による「コロナ下の女性への影響と課題に関する研究会」でした。

中でも、二〇二〇年一二月五日に放映された「NHKスペシャル」の「コロナ危機 女性にいま何が」は、一般家庭がアクセスしやすい放送枠での放映によって「女性不況」への関心を広げました。制作にディレクターとして関わった市野凜は、その後、「生理の貧困」の報道にも携わり、こちらの制作チームは「二〇二一年度ギャラクシー賞報道活動部門優秀賞」や反貧困に関わる市民団体による「貧困ジャーナリズム大賞」を受賞しています。こうした報道の背景からは、村上が体験した「メディアの壁」を乗り越えるために「女性たちが使えるもの」とは何か、が浮かんできます。

表終-1　コロナ禍での「女性不況」に関わるメディアなどの動き

2020年	
3月30日	家庭内の虐待，DV(ドメスティック・バイオレンス)が増える恐れがあるとして，全国女性シェルターネットが国に対策を求める要望書を提出
4月2日	NPO法人「しんぐるまざあず・ふぉーらむ」が全国の会員を対象に，新型コロナウイルスの影響についてネット調査を開始
5月1日	ジェンダー政策に関わる有志が「政府の新型コロナウィルス対策に対する女性たちからの要請」を政府に送付
6月26日	労働政策研究・研修機構(JILPT)リサーチアイ第38回で周燕飛・主任研究員(当時)が「コロナショックの被害は女性に集中――働き方改革でピンチをチャンスに」を掲載
9月30日	内閣府男女共同参画局「コロナ下の女性への影響と課題に関する研究会」スタート
10月11日	『朝日新聞』朝刊の大型連載「働くってなんですか――譲れない一線」の第5回目「女性のこと，軽んじていませんか」に「女性不況」の文言
12月5日	JILPT・NHK共同調査に基づくNHK特集「コロナ危機　女性にいま何が」初回放映
2021年	
3月1日	野村総合研究所がネット上にニュースリリース「パート・アルバイトの中で「実質的失業者」は，女性で103万人，男性で43万人と推計」
3月2日	『日本経済新聞』夕刊1面「「女性不況」，実質失業100万人超　政府が対策拡充へ」
6月11日	『男女共同参画白書』で特集に「コロナ下で顕在化した男女共同参画の課題と未来」で「女性不況」に言及
7月30日	『厚生労働白書』「新型コロナウイルス感染症と社会保障」で「女性への影響」に触れる

市野が「女性不況」を意識したのは、新しい働き方としての「ギグワーカー」の取材がきっかけでした。そのころコロナ禍の拡大が始まり、第3章で見たような、フリーランスの窮状が表面化します。その取材を通じ、ユニオンへの労働相談の大半を女性が占めていることを知り、始めたのが当事者への取材や研究者との共同実態調査でした。それらをもとに、上司の女性プロデューサーとともに、「平時の社会の歪みが女性不況として顕在化している」事態を報道すべきだとする企画をまとめ、提案を受けた大型番組担当の男性の番組責任者も「社会全体の構造問題」としてゴーサインを出しました。

これらのマスメディア情報やフリーライターの記事などが、さらに、コロナ禍で鬱屈を抱える個々の女性読者・視聴者らの手でSNSを通じて拡散され、そんな「女女連携」が、ネット上での「女性不況」の言葉の広がりを生んだ、という流れが見えてきます。「使えるもの」とは、①少子高齢化による労働力不足に起因する女性労働や出産・育児をめぐる政治・経済の主要課題化、②まだ少ないとはいえ、図終-4のようなマスメディアでの女性比率のそれなりの高まりや、シンクタンク、官界での女性の増加、③そのような女性たちによる調査活動や報道を増幅するSNSという「拡声器」の登場、だったということになります。

意思決定層やマスメディア内部での女性の増加も、SNSという少数派にとっての拡声器も、

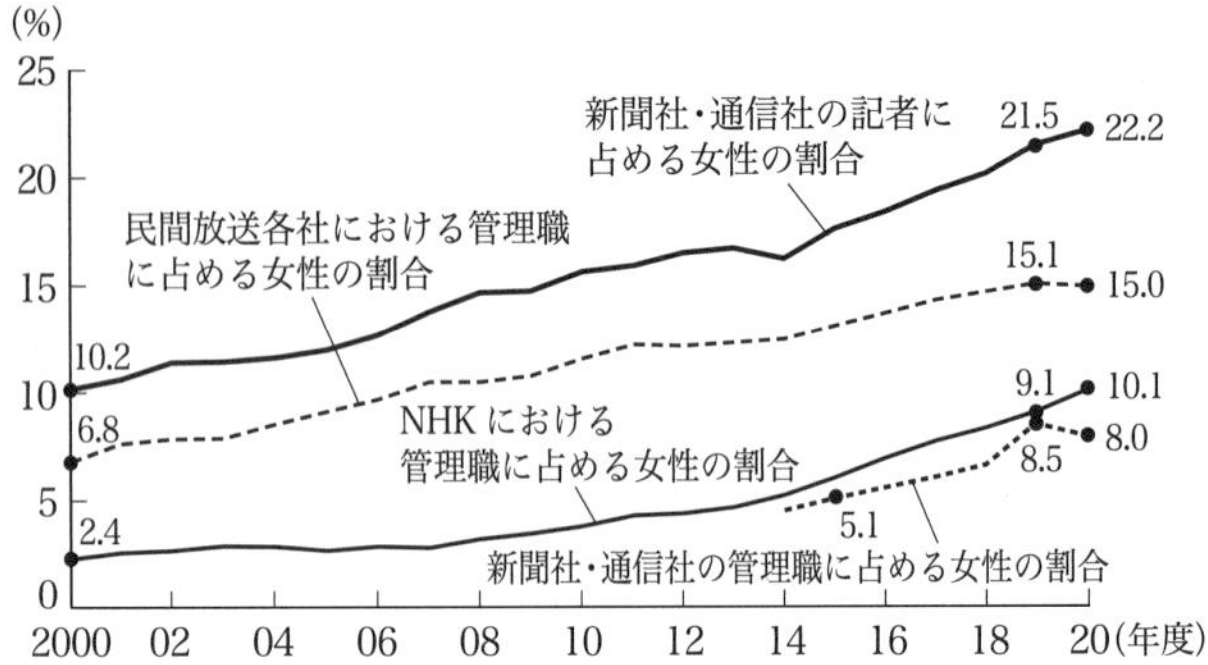

（備考）1. 一般社団法人日本新聞協会資料，NHK 資料および一般社団法人日本民間放送連盟資料より作成．
2. 新聞社・通信社は各年 4 月 1 日現在，NHK は各年度の値，民間放送各社は各年 7 月 31 日現在．
3. NHK における管理職は，組織単位の長および必要に応じて置く職位（チーフプロデューサー，エグゼクティブディレクター等）．なお，NHK では 2016 年から関連団体等への出向者を含む数値で公表．また，2013 年までは専門職を含む値．
4. 民間放送各社における管理職は，課長級以上の職で，現業役員を含む．

（出所）内閣府『男女共同参画白書 令和 3 年版』より作成．

図終-4　各種メディアにおける女性の割合の推移

放っておけば女性を都合よく利用したい人々に使われてしまいがちです。ただ、それを使い倒せば「システム」の均衡を外から崩す道具にもなり得るということです。

コミュニティを掘り起こす

女性たちの押し返しから見えてくるもう一つの重要な「外からの力」は、コミュニティです。第2章の「保健師増やして」キャンペーンを支援した大阪府関係職員労働組合の小松康則委員長は、「公務員だから仕方ない、我慢するしかないといった諦めや絶望もありました」と、当時を振り返ります。小さな政府路線を押し進めてきた大阪府との交渉だけで問題が解決されるとは思えなかったからです。そんなときカになったのが、労使という枠を超え、「地域の人々の力」とつながって変化を起こしていく「コミュニティ・オーガナイジング」の手法でした。保健師の窮状が、特定の職務の人々の労働問題であるだけでなく、コロナ禍のさなかの人々の生命と健康に直結していることをSNSなどを通じて訴えたこのキャンペーンは、社会を揺り動かし、増員へと大阪府の背中を押しました。

個人が申請できる休業支援金・給付金の引き金となった第1章の「子育て緊急事態宣言」でも、これを支えた「さっぽろ青年ユニオン」はこの手法を採用しています。

特定非営利活動法人「コミュニティ・オーガナイジング・ジャパン」のサイトによると、この方法は、「市民の力で自分たちの社会を変えていくための方法であり考え方」で、「普通の市民」が「人々と関係を作り、物語を語り立ち向かう勇気をえて、人々の資源をパワーに変える戦略をもってアクションを起こし、広がりのある組織を作りあげていくことで社会に変化を起こすこと」とされています。市民主導で政府、企業などさまざまな関係者を巻き込みながら、自分たちのコミュニティを根本からよくすることを目指すというのです。

「六つの仕掛け」は、家庭内の世帯主夫と妻、企業内の女性と男性、雇い主と社員、といった力関係をもたらします。それらが「均衡」を生み出すわけですが、こうした、狭い当事者だけの交渉では埒《らち》が明かない場合、社会の声を呼び起こすことで、力関係を変えることができます。「妻は夫に従っていれば丸くおさまる」という均衡は、「家庭内の暴力は社会的に許されない」という外からの働きかけで崩せますし、「雇い主は指揮命令する立場にあり、社員は企業の利益のために身を粉にして尽くして当然」という均衡は、「社員の幸福に配慮しない会社の製品は買いたくない」という消費者の判断で崩れるからです。

問題は、このような均衡を崩すための力を、「だれが」作り出すのか、ということです。日本での制度改革は、均衡を崩すかに見せて、これを維持するためのものに終わりがちでした。たとえば一九八五年制定の男女雇用機会均等法は、女性であることを理由に募集、採用、配置、昇進、教育訓練などで差をつける「直接差別」を禁じ、大きな一歩となりました。ただ一方で、深夜勤務の制限など労働基準法の女性保護を撤廃したことで、「男性並み」の労働時間に合わせることが女性に求められました。

男性が長時間働けるのは、女性が家事や育児などの「再生産」に関わる仕事を引き受けているからです。それを無視して、男性と同じような長時間労働ができないなら正社員になれなくてもしかたない、という理屈がまかり通れば、それは女性に対する「間接差別」になりかねません。女性だから差別されるのではないけれど、長時間労働を引き受けないと不利な目にあうのは、女性を間接的に差別していることになるからです。

「働き方改革」で登場した「パートタイム・有期雇用労働法」も、正規と非正規の不合理な格差の禁止を明文化したことは大きな前進でした。ところが、正規と非正規の職務内容が同じでも「職務の内容と配置の変更の範囲」(つまり異動や転勤の範囲)の違いによって賃金に差がつくことを認めています。これは、家族のケアなどで全国転勤しにくい女性パートにはきわめて不利です。一見、制度を変えて、それまでの「均衡」を破ったかに見えて、実は形を変えて従来の均衡を維持している、ということが日本の「改革」には多いのです。

それは、従来の仕組みで恩恵にあずかってきた社会の多数派が国会や官界などで強い決定権を握る社会であり、その人たちが「均衡を崩す圧力」をかける実行部隊になっていることが多いからでしょう。その結果、従来の仕組みによって不利な目にあってきた人たちにとって、役に立たない改革になってしまうということです。

とすれば、システムの均衡を正しく破るには、圧力をかける「主体」をどう作るか、という視点が不可欠になります。なんでも変えれば解決するのではなく、「だれが変えるのか」です。メディアに続いて私たちに必要なのは、「本気で変える主体」をどう作るかだ、ということになります。

英国の政治理論家、キア・ミルバーンは、社会運動の主体について、それまでの社会の常識を覆すような突然起こる変化(「出来事」)が起きた時、「出来事」に出遭った人々の中から、その意味を解釈し直し、ひとつの世界観として共有する「世代」が生まれ、それが社会運動の主体となる、と説明しています。

英国では二〇一五年に労働党のジェレミー・コービン議員が党首になり、米国では一六年にバーニー・サンダースが米民主党の大統領予備選で接戦に持ち込むなど、左派の政治家が若い世代の強い支持を受けて注目されました。その主体となったのが、一九九〇年代半ばごろから二〇一〇年ごろに生まれた若者たちです。この人々は二〇〇八年のリーマンショックという「出来事」に出遭い、グローバル化のなかでの貧困や格差に対し「1%対99%の社会的不公正」といった世界観を共有する「世代」として左派政治家を押し上げ、「若者の左傾化」の「主体」となったというのです。

本書で登場したキャバクラ女性たちのアンケート調査や、保健師増やしてキャンペーン、第7章でのコロナ禍の女性たちの押し返しの動きは、ミルバーンの指摘する「運動の主体の形成」を思わせるものがあります。コロナ禍前からの一連の反性暴力運動や、第二次安倍政権下での「女性が輝く」政策で「女性という労働力の重要性」を知った女性たちが、「女性不況」という過酷な状況に出遭い、「これはおかしい」と、異議申し立ての主体となったからです。

これらの中から、メディアの女性たち約一〇〇人による「メディアで働く女性ネットワーク」(WiMN)が結成され、二〇二〇年の『マスコミ・セクハラ白書』が出版されます。また、二〇一九年には職場でのハイヒールやパンプス着用の強制による健康被害をなくしてほしいと、女優の石川優実が、「#MeToo」をもじった「クーツー運動」(#KuToo)を始めます。

セクハラも「クーツー」も、「女性への暴力」としてクローズアップされましたが、それは狭義の労働運動からは見落とされがちな、働く女性をめぐる労働安全衛生問題でもありました。第5章や第7章に登場するコロナ禍での「女性による女性のための相談会」も、こうした「主体」から生まれました。

こうした社会運動は、労働力不足のなかで、女性に働いてもらわないと困る、とする世論の高まりを追い風として生かしたものでした。

たとえば、一五～六四歳の女性の就業率は、二〇一三年の六割台から一九年には七割台へと上昇、当時の安倍晋三首相は「とうとう、日本の女性就業率は、二五歳以上の全ての世代で、アメリカよりも高くなりました」(二〇一七年国際女性会議WAW!でのスピーチ)と胸を張りました。ところが、「女性活用」に見合う条件整備は遅れ、保育園に入れないため働けないことへの怒りを表明した二〇一六年の「保育園落ちた日本死ね!!!」というインターネットへの投稿が共感を呼ぶ、という事態を生み出します。

「女性が輝く」のスローガンと、働く女性を支える仕組みの貧弱さとの落差を「共有」した女性たちが、「#MeToo」や「女性不況」という「出来事」に追われるようにしてユニオンや女性NPOに駆け込み、ネットワークを作り、そこで「私と似た人たち」を見つけたことで、それは「たまたま」ではなく社会の仕組みの問題かもしれない、と思い当たり、SNSやコミュニティ・オーガナイジングなど、「使えるもの」を掘り起こし、「女性ものを言っていいのだ」とする世界観を生み出し、「運動主体」へと形成されたということです。

こうした「主体」の活動による「女性の貧困」の可視化に背中を押されるようにして、二〇二二年五月、超党派の議員立法による「困難な問題を抱える女性への支援に関する法律」が成立しました。コロナ禍のずっと以前から女性たちの息長い取り組みによって進められてきた法律への要求が、ここで結実したと言えるでしょう。それは、「売春をなすおそれのある女子の保護更生」を目的とする売春防止法の「上から目線」を抜け出し、女性を主役として「民間団体との協働」の視点を取り入れ、「女性の福祉」「人権の尊重や擁護」「男女平等」を明確に規定した点で、大きな転換となるものでした。

二〇二三年二月、厚労省で、初めての「非正規春闘スタート」の記者会見が開かれました。中心になったのは、二〇二〇年三月から、コロナ禍での休業手当の不払いや雇い止めに遭い、個人加盟のユニオンに駆け込んだ女性非正規たちでした。そうした働き手たちの声に押され、「首都圏青年ユニオン」など四つのユニオンが呼びかけて全国の一人でも加入できる労組一六団体の約三〇〇人が、企業には一律一〇%の時給引き上げ、政府には最低賃金一五〇〇円を求めたのが「非正規春闘」でした。

記者たちを前に、「会社は物価の上昇分を価格に転嫁せよとは言います。でも、その価格の上昇分が、職場を本当に支えている私たちの賃金にまで回ってこなければ貧困は解決しませんん」と訴えたのは、飲食業界のシフト制労働をめぐって裁判を起こしたエリカでした(第1章)。エリカたちは、二〇二二年一二月、クリスマス手当を廃止され、「物価高に逆行する」と抗議してこれを回復させています。

「黙っていれば了承したと会社は考えてしまう。私たちは、思いを言葉にしなければ」と訴えた契約社員は、コロナ禍の下、更年期障害によってコールセンターの契約を打ち切られたアサコ(第7章)の同僚の女性でした。会社側のアサコへの対応に怒り、組合活動に参加しました。

非正規春闘に参加したABCマートの四〇代のパート女性は、一〇三〇円（基本給一〇〇〇円＋加算時給三〇円）の時給で働いてきましたが、二〇二二年末、加算時給の仕組みが変更され、二三年一月から二〇円の賃下げとなりました。「物価高で賃上げが相次いでいる」という報道の一方で、時給を下げられる同僚が続出し、納得できず個人加盟労組の「総合サポートユニオン」に駆け込みました。二〇二三年二月の労使交渉後、加算時給の引き下げは撤回されました。併せて要求した一〇％の時給引き上げは拒否されましたが、ストライキを打ち、四月、六％の時給アップを獲得しました。この引き上げは、一人の「主婦パートスト」が四〇〇〇人を超すパートの賃上げを実現したとして話題になりました。いずれも、抗議行動を通じてマスメディアの報道を引き出し、それが、世論という「外からの力」を呼び起こした結果でした。

私たちが使えるものはたくさんあります。収入を絶たれ、時には路上に出るまでに追い詰められ、自殺者も相次いだ「女性不況」を、ただ「収束」させて忘れ、閉じこもるのでなく、「女性不況」を生き延びた知恵を生かし、私たちがこれまで獲得しているのに気づかずにいる「使えるもの」をどう生かし切って「沈黙の雇用危機」を乗り越えるか。

私たちの社会の今後は、ここにかかっています。

おわりに

コロナ危機は終わった、という声が聞かれます。ただ、「女性不況」の取材を通じて感じるのは、危機は終わっていない、ということです。

岸田文雄首相は二〇二三年一月、新型コロナウイルス感染症の感染症法上の位置付けを5類に引き下げると表明しました。この発言の翌日、東京都内で開かれた「女性による女性のための相談会」には、収束とは程遠い状況の女性たちが詰めかけていました。多くは笑顔で、困窮しているとは見えません。ただ、話を聞いていくと、裏に深刻な実情が見えてきます。

食料が買えず、家で待つ子どものために、会場に準備されたおにぎりを持ち帰っていいかと聞く母。職場でのセクハラ・パワハラによる精神的不調やコロナ禍での契約打ち切りで、いまも働けずにいる非正規女性。物価高で光熱費を払えず、何日も入浴できていない女性。コロナ特例貸付の借金が返せず追い詰められる女性——。それでも、手持ちの中から外出できる服を選んで装い、笑って見せる。窮状につけこまれたくないという懸命の思いがそこにありました。

女性たちの困難はこのように見えにくく、覆い隠されてしまいがちです。二〇二二年二月から六月まで、東洋経済オンラインでコロナ禍の女性の貧困をめぐる記事を一〇回にわたり連載したのは、「なかったこと」にされかねない女性の被害を、なんとか書き残しておきたかったからでした。その連載をもとに、「女性不況」を女性に対する構造的な支えの不備から起きた「社会の危機」として構成し直したのが本書です。そうした見方を通じ、過酷なコロナ禍を、社会の歪みを正す好機に転化したいという思いもそこにありました。

そうした転換には公的資金の支えが不可欠です。ところが、コロナ禍の収束ムードのなか、それらは着々と軍事費の拡大に回されつつあります。こちらこそが、むしろ危機なのかもしれません。

ただ、女性たちへの取材からは、その流れを変える希望のタネも見つけることができました。「コロナ禍に遭って初めて、女性たちがこれほど無視され、軽んじられているのかと知った」「私たちは、もっとましな扱いを受ける権利があるはず」。そんな声を「押し返す力」へと育てていくことが、変化への一歩となる。そんな思いが、いま私を明るくしています。

こうした体験を支えてくれた東洋経済オンライン編集部の中島順一郎さん、岩波書店の上田麻里さんに、末筆ではありますが、心からお礼を申し上げます。

二〇二三年六月

竹信三恵子

主要引用・参照文献一覧

序　章

「男性の方がコロナ重症化，世界で共通」西日本新聞デジタル，2021年3月17日付

国連ウィメン日本協会，ウェブサイト，2020年3月31日付

国際連合広報センター，ウェブサイト，2022年3月8日付

Titan Alon, Matthias Doepke, Jane Olmstead-Rumsey, Michèle Tertilt, "The shecession（she-recession）of 2020: Causes and consequences," *voxeu*, Sep. 22, 2020

内閣府男女共同参画局「コロナ下の女性への影響と課題に関する研究会報告書――誰一人取り残さないポストコロナの社会へ」2021年4月28日

第1章

本田一成『主婦パート 最大の非正規雇用』集英社新書，2010年

川口智也，有野優太「厚労省「留意事項」の批判的検討」『労働法律旬報』2022年8月上旬号

尾林哲矢「「規則的シフト制労働者」とシフト制規制の必要性」『労働法律旬報』2022年8月上旬号

竹信三恵子『ルポ雇用劣化不況』岩波新書，2009年

蓑輪明子「ジェンダー平等戦略を改めて考える――女性の労働問題と貧困を克服するために」『経済』2021年3月号

一般財団法人アジア・パシフィック・イニシアティブ『新型コロナ対応・民間臨時調査会 調査・検証報告書』2020年

朝岡幸彦「学校「臨時休業」とコロナ――学校一斉休校は正しかったのか」『歴史地理教育』2022年7月増刊号

安倍晋三(著)，橋本五郎(聞き手)，尾山宏(聞き手・構成)，北村滋(監修)『安倍晋三回顧録』中央公論新社，2023年

金井利之『コロナ対策禍の国と自治体――災害行政の迷走と閉塞』ちくま新書，2021年

第2章

公益財団法人介護労働安定センター「事業所における介護労働実態調査」2017年度

厚生労働省「令和2年 衛生行政報告例(就業医療関係者)の概況」2020年
総務省「地方公務員の会計年度任用職員等の臨時・非常勤職員に関する調査結果」2020年4月1日現在
大沢真理「アベノミクスがあらかじめ深めた「国難」」『公法研究』82号, 2020年10月
亀岡照子「新型コロナと自治体――保健所の統廃合がもたらした現実と今後の課題」『住民と自治』2020年10月号
「コロナで症状悪化しても119番控えて　大阪市, 高齢者施設に通知」朝日新聞デジタル, 2022年2月10日付
佐々木悦子「看護職・介護職の労働実態と賃上げの必要性」『女性労働研究』67号, 2023年3月
日本医師会「新型コロナウイルス感染症に関する風評被害の緊急調査」2021年2月3日
竹信三恵子『家事労働ハラスメント――生きづらさの根にあるもの』岩波新書, 2013年
厚生労働省『令和3年版 過労死等防止対策白書』2021年
上林陽治『非正規公務員のリアル――欺瞞の会計年度任用職員制度』日本評論社, 2021年
嶋崎量(日本労働弁護団常任幹事)「神奈川県の非正規公務員に対する「マタハラ」雇止め問題――法的課題を中心に」Yahoo！ニュース, 2021年3月30日付
竹信三恵子, 戒能民江, 瀬山紀子編『官製ワーキングプアの女性たち――あなたを支える人たちのリアル』岩波ブックレット, 2020年
厚生労働省『令和4年版 厚生労働白書』2022年

第3章

「年収1億円超え人気キャバ嬢に密着」東京トレンドニュース, 2020年12月1日付(2022年10月19日確認)
「「夜の街」という言葉が社会を分断　歌舞伎町の元ホストが明かす苦悩」東京新聞デジタル, 2020年7月20日付
周燕飛「JILPTリサーチアイ 第55回　コロナショックの被害は女性に集中(続編II)――雇用持ち直しをめぐる新たな動き」労働政策研究・研修機構, 2021年2月
厚生労働省「労働基準監督行政について」2017年3月

日本弁護士連合会「雇用保険の抜本的な拡充を求める意見書」2023年2月
徳田隼一・岡崎瑶「ひとり，都会のバス停で――彼女の死が問いかけるもの」『NHK 事件記者取材 note』2021年4月30日付
フリーランス協会「【お知らせ】3/17 テレビ朝日 グッド！モーニングで引用されたコメントについて」フリーランス協会ブログ，2020年3月17日付
第4章
厚生労働省「2020年度雇用政策研究会報告書」(概要版)，2020年12月
濱口桂一郎・猪木祥司ほか「欧州諸国の解雇法制――デンマーク，ギリシャ，イタリア，スペインに関する調査」『労働政策研究・研修機構資料シリーズ』No. 142，2014年
内閣府『令和3年版 高齢社会白書』(全体版)，2021年
阿部彩「貧困の長期的動向――相対的貧困率から見えてくるもの」貧困統計ホームページ
金井郁「女性活躍推進と女性正社員数の増加を考える」『We learn』2021年4月号
厚生労働省「令和4年版 厚生労働省編職業分類表」
宗光美千代「客室乗務員の現状と国際比較，労災等について」『過労死防止学会誌』3号，2023年3月
第5章
総務省「特別定額給付金(仮称)事業に係る留意事項について」総務省事務連絡，2020年4月20日
りそな銀行『年金用語集』りそな銀行ホームページ
竹信三恵子，赤石千衣子編『災害支援に女性の視点を！』岩波ブックレット，2012年
北明美「給付金が生む分断――「世帯給付」からこぼれ落ちる人々」『生活経済政策』2022年4月号
第6章
宮本太郎編『自助社会を終わらせる』岩波書店，2022年
橋本健二「「新しい資本主義」における「階級政治」」『POSSE』Vol. 50, 2022年4月
山口一男，大沢真知子「新型コロナの影響下での在宅勤務の推進と男女の機会の不平等」独立行政法人経済産業研究所ディスカッショ

ンペーパー，2021 年 1 月
巣内尚子「ベトナム人女性技能実習生と妊娠をめぐる課題――コロナ，継続する性の管理，奪われる権利」『f visions』No. 2，2020 年 12 月
稲葉剛，小林美穂子，和田静香編『コロナ禍の東京を駆ける――緊急事態宣言下の困窮者支援日記』岩波書店，2020 年
第 7 章
厚生労働省「更年期症状・障害に関する意識調査」基本集計結果，2022 年 7 月 26 日
終　章
雨宮処凛『コロナ禍，貧困の記録――2020 年，この国の底が抜けた』かもがわ出版，2021 年
飯島裕子『ルポ　コロナ禍で追いつめられる女性たち――深まる孤立と貧困』光文社新書，2021 年
緒方桂子「新型コロナウイルス災禍における労働者の休業とその補償――ドイツ及び韓国の場合」『労働総研ニュース』No. 364，2020 年 7 月号
ベアテ・シロタ・ゴードン(著)，平岡磨紀子(構成・文)『1945 年のクリスマス――日本国憲法に「男女平等」を書いた女性の自伝』朝日文庫，2016 年
小川たまか「「バスカフェ」を妨害から守れ！　東京都の指示で委託事業中止に「Colabo」が抗議」週刊金曜日オンライン，2023 年 4 月 9 日付
川口章『ジェンダー経済格差――なぜ格差が生まれるのか，克服の手がかりはどこにあるのか』勁草書房，2008 年
山口一男『働き方の男女不平等――理論と実証分析』日本経済新聞出版社，2017 年
斉藤日出治「日本の企業主導型資本主義と生権力――関西生コンの労働運動弾圧の根源にあるもの」『近畿大学日本文化研究所紀要』6 号，2023 年 3 月
竹信三恵子『賃金破壊――労働運動を「犯罪」にする国』旬報社，2021 年
村上薫，川澄恵子『大阪ミナミの貧困女子』宝島社新書，2021 年
キア・ミルバーン『ジェネレーション・レフト』斎藤幸平監訳，堀之内出版，2021 年

竹信三恵子

ジャーナリスト，和光大学名誉教授．朝日新聞社記者，和光大学教授などを経て，現職．NPO法人官製ワーキングプア研究会理事．2009年貧困ジャーナリズム大賞受賞．『ルポ雇用劣化不況』で2009年度日本労働ペンクラブ賞受賞．2022年『賃金破壊』で日隅一雄・情報流通促進賞特別賞．

著書－『ワークシェアリングの実像』『ミボージン日記』(岩波書店)，『ルポ雇用劣化不況』『家事労働ハラスメント』(以上，岩波新書)，『女性を活用する国，しない国』『災害支援に女性の視点を！』(共編著)『官製ワーキングプアの女性たち』(共編著)(以上，岩波ブックレット)，『ルポ賃金差別』(ちくま新書)，『正社員消滅』(朝日新書)，『10代から考える生き方選び』(岩波ジュニア新書)，『賃金破壊』(旬報社)ほか多数．

女性不況サバイバル　　岩波新書(新赤版)1981

2023年7月20日　第1刷発行

著　者　竹信三恵子《たけのぶみえこ》

発行者　坂本政謙

発行所　株式会社 岩波書店
〒101-8002 東京都千代田区一ツ橋 2-5-5
案内 03-5210-4000　営業部 03-5210-4111
https://www.iwanami.co.jp/

新書編集部 03-5210-4054
https://www.iwanami.co.jp/sin/

印刷製本・法令印刷　カバー・半七印刷

ISBN 978-4-00-431981-8　　Printed in Japan

岩波新書新赤版一〇〇〇点に際して

ひとつの時代が終わったと言われて久しい。だが、その先にいかなる時代を展望するのか、私たちはその輪郭すら描きえていない。二〇世紀から持ち越した課題の多くは、未だ解決の緒を見つけることのできないままであり、二一世紀が新たに招きよせた問題も少なくない。グローバル資本主義の浸透、憎悪の連鎖、暴力の応酬――世界は混沌として深い不安の只中にある。

現代社会においては変化が常態となり、速さと新しさに絶対的な価値が与えられた。消費社会の深化と情報技術の革命は、種々の境界を無くし、人々の生活やコミュニケーションの様式を根底から変容させてきた。ライフスタイルは多様化し、一面では個人の生き方をそれぞれが選びとる時代が始まっている。同時に、新たな格差が生まれ、様々な次元での亀裂や分断が深まっている。社会や歴史に対する意識が揺らぎ、普遍的な理念に対する根本的な懐疑や、現実を変えることへの無力感がひそかに根を張りつつある。そして生きることに誰もが困難を覚える時代が到来している。

しかし、日常生活のそれぞれの場で、自由と民主主義を獲得し実践することを通じて、私たち自身がそうした閉塞を乗り超え、希望の時代の幕開けを告げてゆくことは不可能ではあるまい。そのために、いま求められていること――それは、個と個の間で開かれた対話を積み重ねながら、人間らしく生きることの条件について一人ひとりが粘り強く思考することではないか。その営みの糧となるものが、教養に外ならないと私たちは考える。歴史とは何か、よく生きるとはいかなることか、世界そして人間はどこへ向かうべきなのか――こうした根源的な問いとの格闘が、文化と知の厚みを作り出し、個人と社会を支える基盤としての教養となった。まさにそのような教養への道案内こそ、岩波新書が創刊以来、追求してきたことである。

岩波新書は、日中戦争下の一九三八年一一月に赤版として創刊された。創刊の辞は、道義の精神に則らない日本の行動を憂慮し、批判的精神と良心的行動の欠如を戒めつつ、現代人の現代的教養を刊行の目的とする、と謳っている。以後、青版、黄版、新赤版と装いを改めながら、合計二五〇〇点余りを世に問うてきた。そして、いままた新赤版が一〇〇〇点を迎えたのを機に、人間の理性と良心への信頼を再確認し、それに裏打ちされた文化を培っていく決意を込めて、新しい装丁のもとに再出発したいと思う。一冊一冊から吹き出す新風が一人でも多くの読者の許に届くこと、そして希望ある時代への想像力を豊かにかき立てることを切に願う。

（二〇〇六年四月）